Sommaire

Dominique Gelin
Patrick Rayou
Luc Ria

DEVENIR ENSEIGNANT

Parcours et formation

sous la direction de
René La Borderie

Les classiques
du fonds
Armand Colin
Sedes

ARMAND COLIN

Dans la même collection

BLAYA C., *Violences et maltraitances en milieu scolaire*, 2006.
FOULIN J.-N., TOCZEK M.-C., *Psychologie de l'enseignement*, 2006.
MORANDI F., *Introduction à la pédagogie*, 2006.
PAUL J.-J., *Économie de l'éducation*, 2007.

Dominique GELIN est directrice des études du second degré à l'IUFM de Créteil-Paris 12.

Patrick RAYOU est professeur en sciences de l'éducation à l'université Paris 8.

Luc RIA est maître de conférences en sciences de l'éducation à l'IUFM d'Auvergne.

Conception de maquette intérieure : Atelier Didier Thimonier

ISBN : 978-2-2003-4719-2
Internet : http://www.armand-colin.com

Introduction

Faire ses premiers pas en classe est une expérience particulièrement marquante pour les enseignants. Leur entrée dans le métier s'effectue souvent avec fougue et enthousiasme, mais aussi dans le doute, l'incertitude et la crainte. Personne n'ignore la difficulté croissante du travail des enseignants. La littérature de recherche constate l'extension des tâches à réaliser et la complexification du travail en classe. L'affaiblissement de l'identité professionnelle des enseignants, la fragmentation de leur activité, le *turn over* important dans les établissements difficiles, la désacralisation du statut de l'enseignant, les compressions budgétaires, les nouveaux publics scolaires, les conduites consuméristes des parents d'élèves, sont autant de phénomènes qui, au plan international, conjuguent leurs effets et participent à cette complexification.

Pour autant, et au-delà de ce constat pessimiste, le métier d'enseignant offre de multiples satisfactions professionnelles et personnelles. Contrairement à une idée reçue, beaucoup d'enseignants apprécient de débuter leur carrière dans des établissements dans lesquels il est nécessaire de « se serrer les coudes entre collègues ». S'ils ne veulent pas s'y éterniser, ils reconnaissent cependant le caractère extrêmement formateur de ce type d'expérience et l'émergence de relations de travail rencontrées nulle part ailleurs. Ces débutants contribuent à de nombreuses réussites ; ils insufflent une véritable dynamique éducative, s'engagent sans compter dans de multiples projets au sein de la communauté scolaire. Néanmoins, les changements de lieux de vie, de rythme de travail, de statut, d'identité et de culture ne s'opèrent pas sans difficulté. Le « *Ça va ? Oui, ça va !* » lancé à la volée dans la salle des professeurs ne dit rien du réel de leur activité en classe et masque une bonne part de leur déception à l'égard d'une formation qui, disent-ils souvent, ne les a pas assez préparés à leur nouvel environnement professionnel.

Il nous paraît indispensable de préparer davantage au métier les enseignants du second degré et de les accompagner lors de leurs premières expériences de classe, dont ils ressortent souvent avec des ambitions rabattues. Le risque serait, si les pouvoirs publics ne prennent pas plus en considération cette entrée dans le métier, qu'ils éprouvent des phénomènes de résignation professionnelle prématurée. En effet, la problématique spécifique du début de carrière, à la croisée d'enjeux personnels et sociaux, d'enjeux disciplinaires et pédagogiques, d'enjeux institutionnels et identitaires, mérite une attention toute particulière au moment du prochain renouvellement de la moitié des enseignants. La qualité et l'orientation de leur préparation au métier et de leur insertion professionnelle peuvent avoir des effets essentiels sur celles du futur système éducatif et, plus largement, sur la société de demain.

Notre ouvrage a pour ambition d'aider à comprendre l'entrée dans le métier en adoptant le point de vue des stagiaires, des enseignants débutants mais aussi celui des chercheurs. Une première partie, « Parcours », propose plusieurs portraits de jeunes enseignants aux parcours tout à la fois singuliers et significatifs de leur entrée dans le métier, mais aussi une description des expériences typiques de leurs premiers pas dans les collèges et les lycées. Une deuxième partie, « Outils », tente d'offrir au lecteur, qu'il soit étudiant, professeur stagiaire, néotitulaire ou formateur, quelques clefs théoriques pour tenter de comprendre les problématiques relatives aux enseignants débutants, à leur activité en classe et hors classe, au rapport qu'ils entretiennent avec leurs élèves et, plus largement, avec la communauté éducative. Cette partie voudrait dissiper des malentendus en mobilisant des travaux en sciences de l'éducation. La dernière partie, « Pistes », amorce une réflexion sur les nouveaux plans de formation dans les IUFM[1]. Elle rassemble de manière succincte plusieurs orientations particulièrement prometteuses pour la formation : l'analyse des pratiques, l'écriture professionnelle, l'observation de l'activité professorale, etc.

1. Les Instituts universitaires de formation des maîtres créés en 1991 (loi d'orientation de 1989) ont en charge la formation professionnelle des professeurs des écoles et des enseignants du second degré. La loi d'orientation de 2005 prévoit qu'ils soient intégrés dans une des universités de leur académie.

Cet ouvrage n'a nullement la prétention de régler tous les problèmes. Il tente seulement de mettre en lumière cette phase de transition relativement délicate, ce « passage à risque » entre la fin de la formation initiale et les premiers pas en tant qu'enseignant titulaire. Certains lecteurs pourront s'étonner de l'absence apparente des questions de didactique disciplinaire. Elles constituent évidemment la trame de leur légitimité professionnelle et nous les avons à l'esprit en tentant de décrire et de comprendre les parcours de formation, le travail en classe, les relations des enseignants débutants avec leurs collègues, leurs élèves.

Première partie

PARCOURS

Entrer dans un métier constitue toujours un passage à autre chose. Dans le cas de l'enseignement, c'est toutefois un peu particulier, car le jeune professeur, encore élève il y a peu, entre dans un espace familier devenu soudain très différent. Mais il y a de multiples façons d'effectuer cette transition, autant de passages ou de parcours que de manières de venir à un métier dans lequel il n'est pas possible de dissocier totalement sa personnalité et sa compétence professionnelle. Nous donnons à voir ici, avec plusieurs entrées, quelques portraits, quelques cas de figure, qui ne sont pas vraiment des types, mais dans lesquels on peut se reconnaître ou reconnaître certains des aspects de sa propre trajectoire. Il s'agit pour nous de sensibiliser à l'idée que se former comme enseignant est un processus de longue durée qui ne commence pas avec l'IUFM et ne finit pas avec lui, qui implique le sujet mais aussi ses formateurs et ses pairs dans la construction progressive d'une identité professionnelle enseignante. Voici donc quelques itinéraires, pour aider chaque lecteur à trouver le sien et, mieux encore, à frayer son passage avec d'autres.

1

Portraits

I. Julien, un bout de chemin

Julien, 27 ans, est assez emblématique de ces jeunes professeurs, rares encore mais apparemment de plus en plus nombreux, qui sont venus à l'enseignement un peu par hasard, souvent après s'être essayés à autre chose. Lui-même, ingénieur des Arts et Métiers, est, depuis deux ans, contractuel en technologie dans un collège parisien. Une fois diplômé, il n'a en effet rien trouvé à sa convenance et a donné son CV au rectorat, qui lui a très rapidement proposé un poste. Ce qui ne devait être qu'un pis-aller avant la prise de son véritable emploi est cependant en train de prendre dans sa vie une place bien plus importante que ce qu'il imaginait. Au point qu'il n'exclut pas de revenir dans l'Éducation nationale après avoir passé un concours de recrutement, si le travail qu'il vient de trouver dans l'industrie pétrolière ne lui apporte pas les satisfactions attendues. D'un côté il craint qu'en restant dans l'enseignement, il ne dévalue son CV le jour où il rejoindra l'industrie, d'un autre il voit bien qu'il fait des envieux parmi ses copains de promotion qui, pour certains, aimeraient, eux aussi, « *essayer* » l'éducation... Julien n'a donc pas ce qu'on a coutume d'appeler une vocation car sa venue au métier ressemble à tout sauf à l'envie impérieuse de remplir une mission. Il veut surtout laisser libre cours à ses passions et n'envisage pas de se fixer définitivement quelque part.

Cela ne l'empêche pas de s'impliquer fortement dans son activité d'enseignant, et il sait qu'il défendra « *la cause des profs* » dans le monde où il s'apprête à entrer car, au collège, il a découvert un univers inattendu. Il trouve « *rigolo de participer aux discussions avec les collègues* », car le travail avec eux fabrique, selon lui, « *une trame commune* », crée une « *ambiance particulière* » où « *l'on vit quelque chose de fort entre les sonneries des cours* ».

Contrairement à ce qu'on dit parfois, « *ce n'est pas un métier comme un autre, au niveau horaire. Impossible de faire 35 heures de cours. 18 heures, c'est épuisant ! On y pense toute la semaine* ». Lui-même se sent responsable lorsque ses élèves ne réussissent pas. Il ne se doutait pas qu'on pouvait donner autant de soi : « *Lionel m'a encore mal parlé, qu'est-ce qu'il faut que je lui dise* ? » Cela n'arrête jamais !

Julien pense que sa trajectoire atypique lui permet d'avoir sur les élèves un regard un peu différent. Il se souvient d'une institutrice qui lui prévoyait une scolarité difficile (il était dans la lune). Or cela n'a jamais été le cas. Il dit savoir qu'il n'est lui-même jamais à l'abri de « *dire des conneries* » sur un élève et essayer de multiplier les hypothèses pour savoir pourquoi il ne travaille pas. Les élèves le lui rendent bien : ils attendent quelque chose des enseignants, même dans la rébellion. Souvent ils lui sourient quand il les croise dans la cour. Il part la semaine prochaine, mais redoute le moment de le leur dire. Il ne sait pas ce qu'il va leur répondre s'ils lui disent « *que c'est dégueulasse, qu'il n'a pas le droit de partir* ».

2. Nora, fille des cités

Contrairement à leurs aînés, beaucoup de jeunes enseignants ne se voient pas exercer le même métier jusqu'à la retraite. La thématique de la vocation fait place chez eux à celle d'un engagement, certes sincère et plein, mais qui ne saurait être celui d'une vie dont ils espèrent qu'elle leur ménagera une multiplicité d'expériences diverses. Des fils ou filles d'enseignants prenant sans problème le relais de leurs parents perpétuent cependant le modèle d'une entrée pour toujours dans ce métier. C'est aussi le cas de jeunes issus des cités de la périphérie de grandes villes pour qui l'école a joué un rôle de promotion sociale et qui souhaitent « renvoyer l'ascenseur » à leurs petits frères et petites sœurs. Nora s'inscrit dans ce courant de venue au métier de jeunes pour qui l'école a été, comme élèves d'abord, comme enseignants ensuite, un moyen privilégié d'intégration. Son rapport au métier et à la formation paraît façonné par deux naissances. Issue de l'immigration algérienne, elle a vécu dans les quartiers nord de Marseille puis en banlieue parisienne. C'est elle qui a demandé une affectation en ZEP*. Membre d'une association humanitaire, elle a « *toujours été plus dans l'aspect social* » pour « *essayer d'aider les gens et tout* ». Elle dit aussi avoir été « *élevée à la fac* » où elle a exercé comme ATER* après l'obtention d'un doctorat de mathématiques, son « *premier métier* ». Ne parvenant pas à obtenir un poste universitaire, elle a passé un Capes et s'investit pleinement dans son métier.

Nora s'épanouit en ZEP. Ses collégiens ne sont pas toujours faciles, mais « *même s'ils font du bruit, on voit un regard qui pétille, une activité quand même... et une capacité à comprendre les choses* ». Chargée du tutorat de plusieurs élèves, elle se dépense sans compter pour eux et dépasse très largement le quart d'heure dû à chacun :

> « C'est trop court : voir, essayer de lui donner des objectifs, essayer de comprendre pourquoi ça va pas, essayer de travailler sur les aspects de vie en classe, vie dans le collège, qu'il se sente bien. C'est mon travail et j'aime bien que mon travail soit un ensemble de choses et non pas un truc où, à la limite, on aurait une pointeuse. »

Ses exigences à l'égard de la formation sont à proportion. Elle éprouve du ressentiment, de l'amertume vis-à-vis de l'IUFM qui, d'un côté, formaterait trop les stagiaires (« *faut pas avoir un cheveu qui dépasse* ») et, d'un autre, les livrerait à la « *roulette russe* » de l'évaluation terminale. Elle aurait souhaité qu'on lui apprenne à réfléchir, à se poser les problèmes pour savoir ce que l'on peut faire. En revanche, elle a trouvé « *géniale* » l'observation d'autres enseignants :

> « Parce qu'on va dans une autre classe, on voit un autre prof qui réagit autrement et d'une certaine manière ça peut faire des déclics : "ah oui, mais voilà ! Ça, j'y avais pas pensé !" ou : "ah oui, ma manière de faire elle est peut-être un peu trop passée". Ça permet de mesurer un petit peu ce qu'on fait en classe nous-mêmes. »

3. Céline, entre plusieurs mondes

Céline est issue d'une famille de sept enfants. Son père chirurgien exprimait quelques aigreurs à l'encontre de ces « *fonctionnaires toujours en grève* ». Pourtant, sa fille est devenue agrégée de mathématiques après un cursus de formation à Toulouse puis à Clermont-Ferrand. Dès son année de stage professionnel, Céline a éprouvé autant de plaisir à enseigner les maths aux lycéens que de réticence à l'égard des collégiens. Comme beaucoup de stagiaires, elle préférait les interventions magistrales, dans la lignée des cours *ex cathedra* de l'université, aux variations pédagogiques subtiles pour des élèves très hétérogènes et peu attentifs. Rapidement, elle s'est inquiétée pour sa mutation, non par crainte des banlieues difficiles mais d'avoir à rabattre de manière radicale ses exigences en mathématiques. Pour tenter d'amoindrir cet écueil elle s'est attachée, dans son mémoire professionnel, à mieux comprendre les difficultés des élèves en mathématiques lors de la lecture d'énoncés.

Céline a été nommée dans un lycée classé « Zone violence » dans la banlieue parisienne. Cloîtrée dans son appartement avec pour tout contact ses proches à distance, elle a ressenti une profonde solitude avant la rentrée scolaire. Ses débuts ont été difficiles :

> « J'avais peur de ne pas savoir répondre aux réponses de mes nouveaux élèves… L'année dernière je savais que j'avais le dernier mot… Ces élèves de banlieue ont bien plus de répartie… Ça m'est arrivé d'être totalement dépourvue devant eux… »

Au milieu de l'année, elle ne savait plus quelle conduite adopter :

> « J'ai senti mes élèves très démotivés et cela me démoralisait. J'avais l'impression que s'ils ne se mettaient pas au travail c'était de ma faute… Dans ces moments-là, on se dit qu'on ne va pas être prof très longtemps ! J'avais l'impression d'être beaucoup moins patiente en cours, je criais beaucoup plus qu'avant. Et du coup, ça se passait moins bien avec eux. Après une semaine de remise en question et de doutes très sérieux, je me suis aperçu en discutant avec des collègues que plusieurs ressentaient la même chose et ça m'a un peu rassurée. »

Ces moments de doute ont été de courte durée, et Céline a pris par la suite beaucoup de plaisir à enseigner à ses élèves de banlieue. Mais à peine installée, elle apprenait que son séjour parisien ne durerait qu'une année :

« Après l'annonce de cette mutation j'étais partagée : contente de me rapprocher de mon conjoint mais en même temps j'avais peur de perdre un travail très intéressant, peur de me retrouver en collège l'année prochaine et ça, je n'en avais pas envie ! Et peur aussi de ne pas retrouver ces relations entre collègues qui sont devenus des amis. »

Après quatre changements de lieux professionnels en quatre années, Céline craint aujourd'hui la monotonie, la routine professionnelle qui selon elle la guettent :

« Je vais avoir envie de faire autre chose assez rapidement... Non pas que je n'aime pas ce que je fais, au contraire, mais j'aurais peur d'être moins investie si je travaille trop longtemps dans le même registre d'activité. »

4. Fabien, le sens du collectif

Chez Fabien, le projet professionnel a toujours accompagné le projet universitaire. Issu des STAPS*, il a effectué, dès la licence, des stages de préprofessionnalisation* et préparé une affectation souhaitée en ZEP par des modules spécifiques choisis dans sa formation à l'IUFM de Toulouse. Son souci de travailler pour des élèves défavorisés est ancien, il en a d'ailleurs fait le thème de son mémoire professionnel. Sa propre carrière de sportif l'y a, d'une certaine manière, préparé, car il voit dans l'enseignement un engagement qui met à l'épreuve. Dans les établissements plus faciles, *« il faut accepter qu'il n'y ait pas de retour de la part des élèves »*. Alors qu'en ZEP, *« on gère des conflits, on sait à quoi s'en tenir »*. Le rugby lui a appris la valeur de l'encouragement par la solidarité et, au lieu de ne dire à ces élèves que ce qui ne va pas, il faut selon lui les aider à trouver des occasions de se valoriser, essayer de leur faire comprendre qu'on est là pour les aider, les faire évoluer.

La prise de fonctions dans des « milieux difficiles » contraint les jeunes enseignants à mobiliser, par-delà les apports de la formation disciplinaire et de l'IUFM, des éléments empruntés à leur propre expérience. Comme de nombreux enseignants de sa génération, Fabien voit dans la mise à l'épreuve par les ZEP des occasions de progresser en même temps qu'on fait progresser ses élèves. Comme en sport, le rôle du collectif lui paraît déterminant : il a trouvé dans d'autres mémoires professionnels des ressources qui l'ont aidé à construire le sien, qui sont des réserves de solutions. Il se félicite de voir que les enseignants d'éducation physique et sportive savent, mieux que les autres, ce qu'est un établissement, ce que sont les rôles du principal, des conseillers d'éducation, car on n'enseigne pas tout seul. Être sportif, c'est aussi s'habituer à assumer les conséquences de sa propre action. Car les enseignants peuvent, sans le savoir, contribuer à la perpétuation d'une « école à deux vitesses » :

> « La majorité des néotitulaires* pensent que, quand on vient ici, c'est la jungle quoi. Ils viennent avec des préjugés et c'est ce qui fait que, parfois, les élèves le ressentent. Ces élèves-là, s'ils ne sentent pas un minimum d'intérêt chez l'enseignant, ils perdent pied et le cours ils ne le suivent plus. »

Animateur très actif de la section de rugby de son établissement, Fabien est fier de commenter les coupes gagnées par les féminines et exposées dans le couloir du collège, les maillots dédicacés par des champions. Pour lui, le jeu du collectif permet de ramener vers l'école des enfants que leur socialisation tend à en écarter. L'esprit de compétition sportive est, pour certains élèves, transférable dans la sphère scolaire. On peut même voir des comportements de la cité infléchis par le rugby pratiqué à l'école, et Fabien se réjouit de ce que les filles de son équipe soient suffisamment respectées des garçons pour qu'ils acceptent de leur faire des bises…

5. Stella, agrégée en collège ZEP

> « Le parcours classique, quand on sort de Normale sup, c'est l'université et la recherche. Moi, j'ai toujours voulu enseigner l'allemand, depuis la sixième. »

Stella, dont le parcours scolaire fut sans faille, n'est pas issue du milieu enseignant, elle s'est retrouvée à l'École Normale Supérieure de Fontenay-Saint-Cloud quasiment par surprise : lycée dans une grande ville du sud-ouest, hypokhâgne et khâgne pour éviter la fac et réussite au concours au premier essai. Après l'agrégation elle s'est ensuite lancée, comme les autres, dans un DEA*, et s'est vite aperçue que ce n'était pas sa voie.

Pour son premier poste d'enseignante, elle a été nommée dans l'académie que les jeunes enseignants redoutent le plus, celle de Créteil, y a galéré comme tous les germanistes : titulaire académique, à cheval sur plusieurs postes à ses débuts, elle a été contente d'être enfin titulaire d'un poste dans un collège ZEP du 93. Elle y est toujours.

Son souci des élèves, ses exigences à la hauteur de sa passion pour la discipline qu'elle enseigne l'ont amenée très vite à suivre des stages de formation continue et à s'intéresser à la didactique et à la pédagogie dont elle ignorait tout, à accepter, à la suite d'une première inspection, de devenir conseillère pédagogique et de participer à la formation des jeunes enseignants. Elle dit y avoir trouvé ce qui lui permettait à la fois d'enrichir sa pratique, de la rendre plus réfléchie, d'échanger et de changer. Elle s'y est ouverte aussi à d'autres champs, comme la sociologie, les sciences de l'éducation. Elle y apprécie les rencontres, les séminaires, les débats entre formateurs de la discipline, d'autres disciplines, avec les professeurs débutants qu'elle accompagne. Dans cet accompagnement elle ne se limite pas à sa seule discipline, c'est le métier tout entier qui l'intéresse, sa complexité et sa réalité. Elle accepte une décharge horaire IUFM pour la formation, mais elle en fixe elle-même la hauteur, de façon à ne pas se couper des élèves et des collègues et à pouvoir participer à la vie de l'établissement. Il y va de sa crédibilité en tant que formatrice.

Elle fait l'étonnement de ses ancien(ne)s camarades d'études, thésards, qui voient dans cette volonté de rester en collège un manque d'ambition. Quand elle dit que d'ici deux ou trois ans, quand elle aura fait le tour de la question, elle demandera un lycée, ils lui répondent : « *Mais demande un poste en classe prépa ! Tu peux y prétendre.* » Pour elle, il n'en est pas question, pas maintenant : « *Je suis infiniment bien avec mes élèves. C'est un plaisir.* » Elle employait le même terme pour parler de ses années d'études en classe préparatoire.

2

Palettes d'expériences

1. De surprise en surprise, un métier qui s'apprend...

> « La préparation au concours était à l'université, et puis on avait quelques cours à l'IUFM sur tout ce qui était censé être en lien avec la pratique, mais c'était très théorique. Ils proposaient des stages en établissement avant le concours, mais ce n'était pas obligatoire et ça, je pense que ça devrait l'être. Quand on ne connaît pas, on ne se rend pas compte. » Nathalie, certifiée de lettres.

Après un parcours sans faille ou au contraire plus qu'hésitant, un travail intense et ciblé depuis au moins deux ans pour décrocher le concours, selon la discipline, l'académie d'origine et votre parcours personnel, la représentation de ce qui vous attend est différente : certains d'entre vous n'ont pas revu un établissement scolaire depuis votre propre scolarité, d'autres y ont fait quelques observations, d'autres encore y ont exercé des fonctions diverses en préparant le concours.

Vous arrivez fin août dans un contexte inconnu, même si c'est l'académie dans laquelle vous avez fait toute votre scolarité, parcourez les agences, découvrez les prix avec horreur, écoutez les conseils contradictoires des copains plus expérimentés, de la famille, du chef d'établissement : où s'installer ? Près ou loin de l'établissement ? Seul ou avec des colocataires ?

Vous découvrirez que dans le métier il en est ainsi pour tout : classeur ou cahier ? Avoir un emploi du temps groupé ou travailler tous les jours un peu ? Tutoyer ou vouvoyer les élèves ? Il vous arrivera, avant de trouver votre propre style, de souhaiter que les choses soient plus uniformes et qu'on vous donne les règles de fonctionnement en amont. Cet éternel « cela dépend du contexte et de la situation », lettre d'or de la formation et du métier, si exaspérant quand on a besoin d'une réponse à un besoin précis et pourtant si vrai !

> « J'avais sous-estimé le travail que demandent la préparation des cours d'un côté, même pour une classe de sixième, les exigences de la formation de l'autre. En fin d'année de stage, au moment des épreuves écrites de l'agrég, je n'ai pas pu mener tout de front, j'ai négligé le mémoire et été absent en formation. À ce moment-là je n'ai pas compris ce qu'on me reprochait. » Éric, 25 ans, certifié de lettres.

Vous aviez imaginé que cette année de stage serait légère, comparée aux épreuves passées, et que vous pourriez préparer l'agrégation ou vous lancer dans la recherche. Vous apprenez que vous partagerez votre temps entre les formations à l'IUFM et votre établissement, que la formation fait partie de vos « obligations de service ». On vous fait sentir que vous « entrez en formation » et que vous êtes fonctionnaire stagiaire, vous vouliez être prof et enseigner une discipline qui vous passionne.

Enfin seul(e) avec les élèves, sans formateurs, sans tuteur, vous avez tout à coup l'impression désagréable d'être dans l'arène et tout ce que vous aviez cru pouvoir anticiper est décalé : ce que vous aviez préparé était trop difficile ou trop facile, les exercices trop longs ou trop courts, le « discours inaugural » répété la veille au soir devant la glace pour fixer les règles avec les élèves reste dans le cartable, aux trois quarts oublié devant les regards amusés, les bavardages ou la passivité totale des élèves. Le regard rivé sur la pendule, vous souhaitez une seule chose, que l'heure arrive à son terme. Pourquoi aviez-vous décliné l'offre du tuteur* qui proposait de préparer cette première heure ensemble et écouté distraitement les formateurs qui donnaient des conseils lors de la rentrée à l'IUFM ?

> « J'avais une idée du métier d'enseignant, en fait, je me suis rendu compte que ça n'avait rien à voir avec la pratique actuelle. J'ai mis un peu plus d'un trimestre avant d'avoir certains réflexes. » Thierry, 27 ans, certifié de mathématiques.

Vous connaîtrez cette oscillation permanente entre volonté de vous en sortir seul(e), sans conseils, en appui sur votre conviction intime et votre image du métier et demande, parfois pressante, de ce que vous croirez nécessiter une recette possible. Vous aurez alors l'impression que les collègues expérimentés gardent toutes ces recettes pour eux et qu'ils mentent quand ils disent : « *Il faut en faire l'expérience pour savoir. Il suffit que je te donne un conseil, que tu l'appliques à la lettre pour qu'il te mène dans le mur.* » Vous vous apercevrez que ce collègue dit vrai, mais que néanmoins il y a des incontournables, des situations génériques, des progressions préférables à d'autres, des modes d'intervention qui font que les élèves entrent dans les apprentissages, et d'autres qui les hérissent immédiatement ou qui les perturbent.

> « On peut être le roi du monde un soir, mais le lendemain on peut être le pire enseignant qui n'a pas su intéresser ses élèves et eux nous le font remarquer rapidement. » Fabien, certifié d'éducation physique et sportive.

Vous aviez passé tout le week-end à préparer cette séquence et vous avez l'impression qu'ils ont tout gâché, qu'ils n'ont rien compris, si peu appris. Vous en pleurez presque. Vendredi, entre 16 heures et 17 heures, alors que vous arrivez déjà blasé(e) et avez baissé les bras, avant même de commencer, les filles du premier rang vous font un grand sourire. Vous prenez votre courage à deux mains, une grande respiration et les lancez dans la compréhension d'un document oral complexe auquel ils adhèrent et réagissent.

Qu'est-ce qui fait que cela a marché ?

Certes, il y a le contexte, les humeurs du moment, les événements de la journée, mais il y a aussi une valise pleine de scénarios de rechange que vous avez préparés, sur lesquels vous avez échangé avec les collègues stagiaires et les formateurs à qui il est arrivé de faire les mêmes erreurs que vous : ne pas assez anticiper la non-compréhension des élèves, ne pas envisager des chemins de traverse. Vous aurez toujours tendance à minimiser la difficulté d'accès de ces objets que vous maîtrisez et qui vous passionnent et que vous pensez devoir présenter de façon exhaustive.

La logique de l'apprentissage d'un métier, au fur et à mesure des rencontres plus ou moins heureuses et contradictoires avec la réalité, n'est pas une logique linéaire, idéale. Il vous faudra redire, refaire, reprendre tout à zéro, certains élèves n'auront toujours pas compris, pas fait, mais cela peut venir un jour, au hasard d'un détour non prévu et qu'il faudra analyser.

2. Prof, élèves : trop proche, trop lointain…

> « J'avais essayé de sanctionner, je pensais que c'est ce qui fonctionnerait, mais je fais jeune et je n'ai pas beaucoup d'expérience. Donc ce n'est pas le truc qui a marché avec moi. Obtenir le respect suppose un dosage. Il ne faut pas non plus être ami avec eux. » Fleur, certifiée d'anglais.

Vous abordez les premiers cours de cette première année de titulaire en zone difficile, confiant(e) mais vigilant(e), en multipliant les sourires et remises en place bienveillantes, et très vite ils vous prennent pour un copain, vous tutoient et ne se mettent pas pour autant au travail, voire prennent très vite le pouvoir, se lèvent, s'interpellent, font comme si vous n'existiez pas, et sur une heure de cours vous avez sauvé dix petites minutes, et encore pour une dizaine d'élèves. Vous sortez exténué(e), sans voix. Vous décidez un matin, après une nuit difficile, que vous ferez désormais régner une discipline de fer, leur demandez de mettre les carnets sur la table et multipliez les remarques désagréables et les menaces, vous annoncez que vous les exclurez dès la première incartade qui se présente immédiatement. C'est l'escalade.

Le conseiller principal d'éducation vous fait remarquer qu'il y a un règlement intérieur, que vous ne pouvez pas exclure ainsi, que vous devez faire des rapports écrits et circonstanciés si vous demandez des sanctions et qu'elles doivent être graduées. Vous avez l'impression d'être « lâché(e) », et que les élèves et les familles sont les seuls à être entendus dans cette institution. Vous faites l'expérience que vous devez faire vos preuves, auprès des élèves et de l'administration, alors que vous pensiez les avoir faites en passant le CAPES* ou l'agrégation. Vous découvrez aussi que des collègues qui ont plus d'ancienneté dans le métier, mais qui arrivent dans l'établissement en même temps que vous, subissent la même mise à l'épreuve de la part des élèves et héritent d'emplois du temps et de services dignes d'un débutant. Rassurant ! ?

Et, petit à petit, de plus en plus d'embellies, des élèves qui restent après la classe, qui posent des questions, qui se prennent au jeu des travaux exigeants que vous leur proposez et qui acceptent les aides que vous mettez en place. Les heures de colle se transforment en séances de travail et en occasions d'entretiens individuels que vous ne regrettez pas. Certes, cela ne les empêche pas, en classe entière, de vous faire passer des heures difficiles, mais vous savez que cela peut bouger.

Au fur et à mesure, vous repérez mieux ce qui a pu être à l'origine de tel ou tel débordement, vous apprenez en observant les élèves « en action » à les discerner en tant qu'individus dans un groupe et à en jouer, non pour les manipuler, mais pour les mettre au travail et les faire progresser.

Vous comprenez mieux avec le temps que votre hypercentration sur les problèmes de discipline vous avait, en début d'année, trop écarté(e) du contenu et des modalités de mise en œuvre. Plus vous faites le lien, plus vous les voyez bouger. Vous travaillez sans doute plus en amont ou en aval pour réajuster, mais en ressentez le bénéfice. Vous passez ainsi un temps fou à réfléchir à ce que vous mettrez sur les copies, surtout lorsqu'elles sont mauvaises. Vos expériences de l'an passé avec cette classe de cinquième très « délicate » et en grande difficulté vous ont poussé(e) à peser tous les mots. Vous vous souvenez trop bien des effets ravageurs du « aucun travail » affirmatif sur deux ou trois copies.

En fin d'année cette surprise, dans la classe qui vous a le plus fait damner : « *Vous nous reprenez l'année prochaine ?* » En décembre, vous aviez demandé votre mutation, aviez été très déçu(e) mais pas étonné(e) de ne pas l'obtenir. Vous le leur dites ?

3. Ces chers collègues et l'Administration…

> « Enseignant, ce n'est pas simplement 18 heures devant élèves, on sort un cours et on improvise. Il y a les préparations, les corrections et il y a en plus l'implication dans toutes sortes de projets et de réunions. » Vivien, professeur certifié d'anglais.

Pour une majorité d'entre vous, cette dimension du métier était totalement absente de votre représentation. Vous aviez effacé de votre mémoire les sorties, les voyages, les projets montés avec les professeurs quand vous étiez vous-même élève. Pendant l'année de stage vous vous êtes concentré(e) sur votre classe et votre certification.

Vous avez pu voir cette année que l'énergie que vous aviez consacrée à l'atelier théâtre n'a pas été vaine. Vous y avez vu venir des élèves que vous n'attendiez pas et que vous avez ainsi découverts. Les résultats scolaires n'ont pas été à la hauteur de leur investissement dans l'atelier et cela vous fait réfléchir.

Stagiaire, vous consacriez le week-end à peaufiner votre progression, maintenant avec vos 4 ou 5 classes, vous n'arrêtez pas de corriger des copies et trouvez que vous n'avez pas assez de temps pour préparer vos cours. Vous entendez en salle des profs les discussions sur les stratégies de correction de copies. Jamais vous n'entendez parler de la façon dont elles sont annotées, rendues, retravaillées avec les élèves, comme vous le faisiez l'année dernière avec les formateurs, votre conseiller et les collègues stagiaires. Est-ce un sujet qui va de soi ou tabou ?

Vous avez découvert, l'année de stage, les coulisses des conseils de classe, les réunions de parents d'élèves, les retours tardifs à la maison certaines semaines. Maintenant que vous êtes titulaire à temps plein vous comprenez mieux les lamentations entendues en salle des profs sur ce fichu emploi du temps qui change tous les ans et qui peut vous « gâcher la vie ». Et il n'inclut ni les réunions, ni les conseils de classes et autres réjouissances.

Quand vous étiez stagiaire, vous êtes arrivé(e) en septembre, on vous a imposé un service. Vous aviez réalisé chemin faisant que les classes qui vous avaient été attribuées n'étaient pas nécessairement celles que vous auriez données à un professeur stagiaire. Certains collègues connaissaient fort bien vos élèves et n'avaient visiblement pas souhaité les retrouver. Cette année, avec vos collègues titulaires débutants, vous faites presque tous le même constat : vos classes sont majoritairement difficiles, elles le seraient même pour des profs chevronnés. Vous vous jurez qu'on ne vous y reprendra pas ! Vous serez là au moment des conseils d'enseignement en fin d'année. Peut-être même, si vous êtes encore là l'an prochain, allez-vous vous décider à représenter les collègues au conseil d'administration.

> « On savait qu'on avait toutes les deux des classes de seconde. Donc on avait beaucoup travaillé ensemble, choisi notre manuel ensemble, fait aussi notre progression en commun. » Souad, néotitulaire, enseignante de bureautique.

Dans votre établissement vous êtes une majorité de jeunes, vous vous remontez le moral, aidez et soutenez pour le meilleur. Vous avez aussi la chance d'avoir quelques collègues dans l'établissement depuis plusieurs années et qui n'ont pas lâché prise, qui ne sont pas lassés, qui font preuve d'un enthousiasme communicatif. Ils ont une grande habitude des relations avec les parents d'élèves, les partenaires associatifs et communaux, et savent faire avec l'administration. Ils vous font oublier les éternels râleurs, ceux qui dénigrent à la fois les élèves, les projets, les parents, l'administration, la formation, les mêmes qui, à votre arrivée, vous ont laissé les classes difficiles, sous prétexte qu'ils ont assez « donné ».

Naviguer dans ce microcosme n'est pas évident ! On est vite qualifié de « bouffon » si on en fait trop, comme les élèves en classe. Vous apprendrez à faire sans trop l'afficher, règle d'or de la salle des profs. L'essentiel, c'est que les élèves, eux, le sachent. Ils se le disent et les familles ne s'y trompent pas non plus, à quelques exceptions près.

Les familles, les parents, voilà encore un sujet épineux. L'administration leur accorde une attention que certains estiment totalement excessive et démagogique. Quand vous étiez stagiaire vous avez vu peu de parents, juste pendant les réunions à cet effet. Vous n'osiez pas trop les aborder, vous aviez un peu peur de ne pas être pris(e) au sérieux. Cette année vous êtes professeur(e) principal(e), cela vous confère d'autres responsabilités, notamment celles de coordination de l'équipe pédagogique, et les rencontres avec les parents font partie de votre quotidien ; les collègues vous délèguent bien volontiers cette tâche, quitte à vous reprocher ensuite de les avoir « trahis » ou à se moquer de vos compétences communicatives.

Il vous est arrivé de sortir bousculé(e) de certains entretiens ; vous n'auriez pas pensé que certaines situations sociales ou familiales soient possibles. Vous vous en êtes ouvert(e) au chef d'établissement ou à l'assistante sociale qui ont pris le relais.

Petit à petit vous comprenez mieux pourquoi on a tant de mal à rencontrer certains parents, ceux des élèves en difficulté : problèmes de langue, pas seulement, sentiment d'indignité pour certains, confiance totale aussi dans les professeurs dont ils respectent le travail et à qui ils délèguent les décisions sur le plan scolaire ; pour d'autres au contraire, méconnaissance et incompréhension du système français et volonté de mener leur enfant vers ce qu'ils croient pouvoir les tirer d'affaire, le bac général, alors qu'une autre orientation, en apparence plus modeste, pourrait être une voie de réussite.

Quand vous étiez stagiaire, vous n'avez quasiment jamais vu votre chef d'établissement. Vos interlocuteurs étaient le CPE*, le professeur principal de votre classe et votre conseiller pédagogique. D'autres stagiaires avaient fait d'autres expériences, pas toujours positives d'ailleurs : convocations à la suite de plaintes de parents ou d'élèves, en présence ou non du tuteur, conseils parfois bienveillants et bienvenus, parfois quelque peu « paternalistes », voire interventions dans leurs classes.

Maintenant vous découvrez les rapports complexes entre « le chef » et les enseignants. Là où on souhaiterait son arbitrage, pour la répartition des classes par exemple, il se garde bien d'intervenir, alors qu'il va ouvertement critiquer des sanctions ou des décisions d'orientation devant les représentants des parents, sans discussion préalable avec les enseignants concernés.

Il est vrai que vous ne souhaiteriez pas être à sa place : toujours sur la brèche et dans l'urgence, et gérer un collectif d'enseignants n'est pas une mince affaire !

Vous avez parfois l'impression qu'il est de bon ton de choisir définitivement son camp, d'être par principe contre le projet d'établissement ou de décider *a priori* qu'on ne se lancera pas dans des actions. Il vous semble pourtant que certaines choses méritent d'être tentées, à condition de pouvoir vraiment les évaluer. Vous pensez qu'on peut accorder quelque crédit aux propositions faites par le chef d'établissement, qui laissent une marge de manœuvre aux équipes, tout en prévoyant de les soutenir par la mise en place d'heures de concertation et une demande d'accompagnement par une formation sur place. Travail supplémentaire ? Sans doute. Pour « sauver » un ou deux élèves !

L'an dernier, votre conseiller pédagogique, pédago dans l'âme et très exigeant avec lui-même et les élèves, vous disait qu'avec le temps c'était sa plus grande satisfaction : voir un élève, considéré comme « perdu », raccrocher.

Deuxième partie

Outils

Chaque profession produit spontanément des catégories d'analyse à travers lesquelles elle se pense et s'organise. Certaines peuvent être plus fondées que d'autres, plus ouvertes à la comparaison avec d'autres qu'elle-même ou, au contraire plus centrées sur soi. L'enseignement n'y échappe pas. S'y former implique cependant qu'on tente de dépasser les approches du sens commun et qu'on mobilise d'autres registres d'intelligibilité de l'activité professionnelle. Les recherches sur la formation des enseignants et sur la formation en général peuvent favoriser les pas de côté selon nous nécessaires pour interroger sa propre formation initiale et continue. Sans abandonner les préoccupations des entrants dans le métier, nous leur proposons quelques outils susceptibles d'explorer, par cercles concentriques, les difficultés mais aussi les opportunités rencontrées : la construction de leur identité d'enseignant, celle de leur travail avec des élèves, celle de leur collaboration avec des collègues et des partenaires.

3

Entrer en formation et dans la classe

I. Les enjeux de la formation initiale

Ce qu'ils disent

Sébastien, 25 ans, certifié de mathématiques : « La formation à l'IUFM reste très discutable. Elle est souvent discutée par les stagiaires. En fait je me demande si elle ne vient pas trop vite par rapport à là où nous en sommes concrètement… Elle répond à des questions que nous ne nous sommes pas encore posées… Il faudrait pouvoir en bénéficier plusieurs années après au moment où les problèmes se posent… »

Julie, 24 ans, certifiée de lettres modernes : « On ressent quand même beaucoup de paradoxes et de tensions entre les différentes instances de formation. D'un côté l'influence exercée par les formateurs, de l'autre les profs de terrain, et entre les deux des points de désaccord concernant l'orientation des textes officiels ou encore la façon d'enseigner concrètement à des élèves de collège. Pour nous, c'est déstabilisant, il faut nous adapter notre vocabulaire selon les lieux et les personnes… Et au bout du compte on ne sait plus qui a raison… »

Vincent, 25 ans, certifié de sciences de la vie et de la terre : « Notre relation avec les formateurs n'est pas très facile. Ils nous prennent souvent pour des gamins, ils passent leur temps à nous rappeler la nécessité de travailler pour l'évaluation terminale, bref ils nous mettent sans cesse la pression… Moi je viens de passer deux fois le concours de recrutement et je n'ai pas envie de subir encore la pression des notes comme ça… »

Ces témoignages illustrent quelques-unes des critiques adressées régulièrement à la formation initiale. D'un côté, les stagiaires s'estiment infantilisés, souvent rappelés à l'ordre, convoqués pour des formations inutiles à leurs yeux ou encore en demeure de se conformer à des normes professionnelles discutables de leur point de vue. De l'autre côté, les formateurs expriment leurs difficultés à trouver la bonne distance à l'égard de stagiaires dont les attitudes en formation surprennent très souvent par leur inconsistance et immaturité. Au moins quatre éléments d'analyse nous semblent en mesure d'éclairer ces décalages et controverses : un cursus de professionnalisation tardif, une formation d'adultes sous contraintes, une formation en alternance qui ne va pas de soi, et la complexité du développement professionnel en formation.

1.1 Un cursus de professionnalisation tardif

Les lauréats des concours de recrutement des professeurs du second degré se caractérisent en France par une bonne culture disciplinaire[1] et une certaine immaturité d'un point de vue pédagogique. Ce constat n'est pas surprenant pour des enseignants débutants ; pourtant il semble encore un peu plus marqué en France. En effet, dans la plupart des pays européens, un cursus universitaire de préprofessionnalisation permet aux étudiants une sensibilisation bien plus précoce aux enjeux du métier vers lequel ils se destinent. Le concours de recrutement est situé plus en amont du cursus universitaire, tandis que la phase de professionnalisation est plus conséquente et progressive (Eurydice, 2002). En France, il n'existait pas, jusqu'à la parution du cahier des charges de la formation des maîtres en IUFM[2], d'orientation particulière pour la préprofessionnalisation des futurs enseignants.

Ce modèle successif de la formation universitaire à la formation professionnelle amplifie certainement chez les professeurs stagiaires le sentiment de

1. La France est l'un des derniers pays à recruter des enseignants monovalents, c'est-à-dire spécialistes d'une seule discipline d'enseignement. L'agrégation est aussi un diplôme spécifiquement français nécessitant une année supplémentaire de formation initiale (Master 1) pour se présenter à un concours de recrutement exigeant.

2. Cahier des charges de la formation des maîtres en Institut universitaire de formation des maîtres. Arrêté du 19-12-2006. *Journal Officiel* du 28-12-2006.

vivre de façon conflictuelle deux registres d'engagement : **enseigner *versus* apprendre**. Ils usent alors de faux-semblants lorsqu'ils ont à faire preuve de compétences professionnelles non acquises face aux élèves de peur d'être chahutés en classe, face aux collègues des établissements scolaires de peur de perdre toute légitimité, face à leurs pairs de peur d'être rejetés de la communauté enseignante, mais aussi face à leurs formateurs de peur de ne pas être titularisés en fin d'année. Ils mènent conjointement une multitude d'activités en classe et en formation avec des buts parfois contradictoires. Ils éprouvent des difficultés à hiérarchiser les pistes de travail, les mille conseils pédagogiques proposés en quelques mois dans les différents contextes de formation et de classe, à discerner l'important de l'accessoire, le généralisable de l'anecdotique. Ils alimentent alors parfois des polémiques selon les lieux et leurs interlocuteurs. Le clivage entre des savoirs *a priori* théoriques et d'autres davantage pratiques, entre le centre de formation et les terrains professionnels, la stratification hiérarchique entre les différents acteurs de leur formation engendrent des blocages. Le lien est distendu entre le centre que constitue l'IUFM et la périphérie des lieux de stage, dont l'articulation devait précisément pallier les difficultés liées au mode successif de formation. Du désintérêt à l'égard **des gestes du métier** subsiste au niveau du premier, du mépris envers une formation IUFM trop abstraite circule dans les couloirs des établissements scolaires.

Les professeurs stagiaires exploitent les dispositifs de formation de l'IUFM selon l'urgence de leurs situations de classe. Ils s'en détournent dès que ceux-ci ne répondent pas à leurs attentes concrètes et organisent spontanément des réseaux de formation clandestine, dans l'ombre de la formation institutionnelle, pour se rassurer mutuellement et échanger divers contenus d'enseignement et plans de cours. Tout se passe comme si les stagiaires attendaient de l'IUFM une formation pour leurs premiers pas en classe, le lendemain matin avec leurs propres élèves, tandis que celle-ci a tendance à rechercher des objectifs plus larges sans visibilité réelle de l'horizon professionnel de chacun et de **l'évolution du métier** dans la prochaine décennie. Mais la question de leur formation ne s'arrête pas au moment où ils deviennent titulaires de l'Éducation nationale. Les néotitulaires débutent la plupart du temps seuls dans des établissements difficiles au moment même où ils auraient le plus besoin d'être formés ou au moins accompagnés. La nécessité de se former n'a plus ici de légitimité extrinsèque, comme pour les professeurs stagiaires visant avant tout leur titularisation, mais une légitimité toute nouvelle et fondamentale (parfois vitale) pour s'adapter dans la durée à des contextes d'enseignement difficiles. Les néotitulaires se trouvent dans l'obligation de s'adapter dans l'urgence aux multiples situations professionnelles rarement préparées en formation initiale (travail avec des populations scolaires difficiles, responsabilités pédagogiques ou administratives, conduites de projets transdisciplinaires, etc.). Dès lors, ils expriment de la rancœur à l'égard de l'institution, de la formation et des enseignants plus expérimentés ayant quitté ces lieux d'exercice professionnel.

Au final, les relations entretenues par les professeurs stagiaires et les néotitulaires vis-à-vis de leur formation initiale et des dispositifs d'accompagnement à leur entrée dans le métier se caractérisent encore trop fréquemment par un **manque de synchronisation** entre leurs **attentes et les offres de formation**. En effet, si la relation avec les formateurs est en partie faussée tout au long de l'année de PLC2* par l'évaluation terminale de l'activité professionnelle, celle avec les enseignants chevronnés fait aussi souvent défaut lors des premières années de titularisation, notamment du fait du *turnover* très important dans les établissements des académies d'accueil. Le passage du statut de stagiaire à celui de titulaire se caractérise alors souvent par des ruptures, des pertes de repères professionnels en l'absence d'assistance. L'articulation entre les deux années de formation fait défaut. La transformation de l'activité et de l'identité professionnelle s'opère la plupart du temps sans qu'une formation *ad hoc* puisse les accompagner.

L'application du cahier des charges pour la formation des maîtres au sein des IUFM devrait pouvoir réduire le fossé entre la formation initiale et le début trop tardif de la professionnalisation. Ce dernier insiste sur le fait que les compétences professionnelles des enseignants se construisent dans la durée, de la formation disciplinaire de base à l'adaptation au premier emploi, ce qui a pour effet d'étendre la durée de la préprofessionnalisation sur les trois années avant le concours, et celle de la professionnalisation sur les trois années suivantes en tant que professeur stagiaire et titulaire lors des deux premières années. Un véritable continuum de professionnalisation sur trois années est alors envisagé pour le stagiaire dans la même académie pour la fin de sa formation initiale (PLC2) et l'accompagnement de ses premiers pas professionnels en tant que titulaire première et deuxième année (T1 et T2)*.

1.2 Une formation d'adultes sous contraintes

Au-delà de l'incomplétude du cursus de professionnalisation en formation initiale, les professeurs stagiaires ont aussi le sentiment d'être infantilisés par les formateurs, qui sont parfois dans l'obligation de leur rappeler les règles les plus élémentaires relatives à l'absentéisme, la nécessité d'effectuer un travail personnel pour préparer leurs cours ou rédiger leur mémoire professionnel, de prendre des notes ou d'écouter de façon attentive lors de leur formation... Souvent élèves modèles tout au long de leur scolarité, les professeurs stagiaires deviennent, en fin de formation initiale et pour la première fois, des élèves récalcitrants et parfois même rebelles. En proie aux doutes les plus sérieux quant à leur capacité à réussir professionnellement, ils ne peuvent accepter cette infantilisation et développent parfois une culture « anti-IUFM ». Ce constat nécessite de s'interroger sur la façon de former un public d'adultes engagés dans la vie active à la fois professionnellement et socialement.

La conception d'une formation d'adultes nécessite de partir, encore davantage qu'en milieu scolaire, des préoccupations de ces derniers, de leurs attentes et convictions personnelles, dans le but de transformer ou d'élargir leur palette professionnelle. Le rôle du formateur est moins d'inculquer, de transmettre que d'accompagner l'adulte dans son développement en lui proposant des situations en formation qui vont par le dialogue, l'analyse, la relation à autrui le préparer à d'autres expériences professionnelles, plus complexes, plus favorables (Laot et Olry, 2004). La formation peut alors être construite autour des besoins et des centres d'intérêts des adultes, en empruntant le chemin des situations réelles, vécues, et non celui des matières académiques (Balleux, 2000). Elle devient l'espace favorable au redéploiement d'une activité pour l'analyser et la transformer à l'abri de l'urgence des situations professionnelles. Si la suspension du temps de l'activité professionnelle en cours constitue sans nul doute un gage de réussite pour cette **formation d'adultes**, la synchronisation des contenus de formation à l'évolution progressive des préoccupations professionnelles des enseignants débutants en constitue un autre. Autrement dit, plus le plan de formation prendra en compte les contenus d'expérience significatifs à leurs yeux, liés à des préoccupations concrètes relativement à leur niveau de développement professionnel, plus il sera susceptible de favoriser chez eux des transformations (Ria, Leblanc, Serres et Durand, 2006).

La professionnalisation du métier d'enseignant

La forte légitimité sociale conférée aux professions s'appuie sur le caractère scientifique, rationnel de la constitution de leur base de connaissances, et sur la modalité libérale fournissant à ces professions un supplément de liberté, de revenus et de prestige dans des sociétés où la réussite sociale est mesurée par l'argent[1]. Dans cette perspective, peut-on parler de profession pour le métier des enseignants ? Pour certains, ce métier demeure une **semi-profession**[2] dans la mesure où il mobilise des savoir-faire complexes et circonstanciels difficilement descriptibles, mais aussi parce que sa marge de manœuvre est limitée par les missions qui lui sont assignées. Il constitue en effet une organisation collective publique contrôlée par une autorité administrative qui coordonne les activités des personnels subordonnés. Les orientations ministérielles de l'École, la mission des professeurs, les curriculums disciplinaires tissent le cadre réglementaire de l'activité professionnelle. Pour d'autres, le travail des enseignants, longtemps appréhendé comme un **métier de vocation**, peut constituer une **véritable profession** reposant sur une expertise et une capacité de jugement réflexif de haut niveau. Sa professionnalisation se situe entre deux pôles, celui des connaissances et celui des interactions pratiques : la maîtrise de l'exercice professionnel se construit selon un processus d'équilibration entre ces deux pôles[3].

La professionnalisation des enseignants s'inscrit dans une **dynamique de transformation** liée à l'évolution générale de la société et de l'institution scolaire. De manière plus spécifique, l'évolution du statut des élèves,

1. R. Bourdoncle (1990), « De l'instituteur à l'expert. Les IUFM et l'évolution des instituts de formation », *Recherche et Formation*, 8, p. 57-72.
2. A. Etzioni (1969), *The Semi-Professions and their Organizations: Teachers, Nurses, Social Workers,* New York, The Free Press.
3. V. Lang (1999), *La Professionnalisation des enseignants*, Paris, PUF.

l'émergence de nouveaux rapports aux savoirs, le développement de nouvelles formes d'activités professorales, le renouvellement générationnel des enseignants contribuent à cette transformation de la profession, avec multiples points de convergence mais aussi de tension. Pour repérer cette transformation et en tirer profit dans la conception de plans de formation, l'une des orientations de la recherche en éducation consiste à identifier les gestes professionnels traditionnels ou plus novateurs, ceux considérés comme efficaces ou problématiques dans un type de situation professionnelle.

Cependant, la formation des professeurs stagiaires ne peut se développer uniquement en fonction de leurs préoccupations et de leurs attentes. Celle-ci est fortement **contrainte par un ensemble d'orientations institutionnelles**. Les professeurs stagiaires sont des fonctionnaires de l'État ayant pour obligation de se conformer consciencieusement aux lois et règlements qui déterminent les devoirs que l'exercice de leurs fonctions leur assigne. Leur marge de manœuvre individuelle s'en trouve délimitée. L'ambition de la formation des professeurs peut être alors de « tenir les deux bouts » en prenant en compte à la fois les prescriptions institutionnelles et les attentes des stagiaires compte tenu de leur expérience professionnelle. Les travaux de recherche en éducation sur l'activité en classe des enseignants débutants, leurs difficultés typiques, leurs façons spécifiques d'intégrer (ou non) les orientations ministérielles au sein de leur activité peuvent être mobilisés pour concevoir un dispositif de formation abordant les obstacles que ces derniers ont déjà rencontrés et ceux qu'ils vont probablement rencontrer à court terme dans l'exercice de leur métier. Cette orientation pour la formation permet d'élargir l'horizon professionnel des novices en anticipant par les données de recherche les **situations professionnelles potentiellement problématiques** compte tenu des étapes de leur développement professionnel. La conception de situations de simulation en formation sur la base de l'analyse de l'activité professionnelle illustre cette orientation (Pastré, 2005). Elle peut à la fois confronter les acteurs à une complexité proche des situations réelles tout en favorisant la construction d'une expérience sans risque et en recourant à la manipulation des paramètres de la situation : les prescriptions institutionnelles (mission des professeurs et curriculums scolaires*), la temporalité de l'activité, le rapport au savoir scolaire enseigné, les choix possibles à effectuer, etc. Ce type de formation permet de raisonner en termes d'apprentissage de situations et non pas d'apprentissage de savoirs détachés des conditions d'émergence et d'usage, ce qui offre l'avantage de conserver le sens pratique des situations professionnelles.

1.3 Une alternance qui ne va pas de soi

L'enseignement a ignoré très longtemps la nécessité de se former (Bourdoncle, 1990). Jusqu'à l'entrée massive de populations scolaires hétérogènes, dans un contexte de forte proximité entre enseignants et publics scolarisés, l'apprentissage diffus au cours des études suffisait à assurer sans difficulté majeure la transmission effective des pratiques pédagogiques (Lang, 2004). Le débat national mené à l'occasion de l'élaboration de la loi d'orientation (2005) et de programmation pour l'avenir de l'école a accrédité l'idée d'un allongement de la période de formation professionnelle initiale ainsi que l'idée d'une formation fondée sur une véritable alternance conçue dans l'articulation entre la responsabilité du professeur en stage dans un établissement et sa participation à des unités d'enseignement en IUFM, l'alternance favorisant une interaction entre approches théoriques et pratiques. L'affirmation de la continuité du développement professionnel tout au long de la carrière, caractérisée par une alternance entre des phases de travail ordinaire, d'innovation et de perfectionnement, reçoit un accueil plutôt favorable de la part des acteurs concernés (Lang, 2004).

Néanmoins, l'alternance est rarement discutée d'un point de vue scientifique. Elle apparaît souvent comme une évidence liée à la nécessité d'articuler des entités *a priori* antinomiques : des **savoirs formalisés** et des **savoirs agis**, mais aussi des situations de formation et des situations de travail (Lesne, 1992). Cette distinction présuppose l'existence de savoirs de nature différente associés spontanément aux centres de formation pour les savoirs théoriques, et aux contextes professionnels pour les savoirs pratiques. Tout se passe comme si un professeur stagiaire apprenait à l'université des savoirs sur les étapes du développement cognitif des adolescents, et au fil de ses premières expériences de classe des savoirs empiriques sur ces mêmes adolescents lors de situations scolaires. Mais alors de quelle alternance s'agit-il ? Du passage d'un centre formateur à un contexte professionnel ? De l'application de principes théoriques à la pratique, ou de l'éclairage de la pratique par des éléments théoriques acquis préalablement ? De l'articulation de savoirs théoriques et pratiques de nature antinomique, ou encore de la transformation progressive de la théorie par sa confrontation à la réalité d'un terrain professionnel ?

Schématiquement, deux conceptions de l'alternance s'opposent. La première présuppose la différence de nature entre les **savoirs théoriques** et les **savoirs pratiques**. Les premiers se caractérisent par leur caractère scientifique et générique pour expliquer le réel, les seconds par leur empirisme, leur singularité pour agir en situation. L'alternance aurait pour principale fonction de dépasser l'incompatibilité de nature entre ces savoirs, de réduire l'opposition dualiste entre la théorie et le terrain. Cependant, cette conception revêt un caractère prescriptif et applicationniste car elle sous-entend le primat des savoirs scientifiques sur les savoirs professionnels.

Une seconde conception de l'alternance repose sur l'idée de la circulation ou de la migration de savoirs d'un contexte à l'autre sans présupposer de différence de nature entre savoirs théoriques et pratiques. Pour celle-ci, les sphères académiques ne sont pas les seules à produire des savoirs. Des savoirs professionnels peuvent eux aussi avoir un haut niveau d'abstraction et de généricité. La distinction effectuée serait davantage liée à des enjeux politiques de discrimination sociale qu'à des enjeux épistémologiques : toute théorie constitue un **parcours d'actions**, de doutes, de tâtonnements, d'émotions : « En théorie les théories sont abstraites, en pratique elles ne le sont jamais.[1] » Si une théorie est un artefact, elle n'en est pas moins le produit d'un processus, le produit de pratiques. Dans cette perspective, les savoirs circulent entre différentes sphères, se transforment d'un contexte à un autre. Le savoir produit peut migrer hors de son champ d'origine pour être **re-problématisé** à d'autres fins (Derouet, 2002). Autrement dit, un même savoir acquis à l'université peut être mobilisé lors de la passation du concours de recrutement devant un jury (finalité discursive) et être au fondement même de l'activité professionnelle en classe (finalité praxique). Ainsi, les

1. B. Latour, 1996, p. 143.

registres d'usage des savoirs varient selon les conditions contextuelles, sociales et culturelles (Lave et Wenger, 1991).

Les professeurs stagiaires estiment que leur formation PLC2 tend à catégoriser les savoirs selon leurs contextes d'émergence : les savoirs acquis en centre demeurent généraux et abstraits, et ceux acquis en stages professionnels pragmatiques mais difficilement généralisables. À moins qu'eux-mêmes ne catégorisent les savoirs en fonction des contextes de formation ? En effet, **le « terrain »** apparaît comme la catégorie spontanément adoptée par les stagiaires, qui dit tout autant les difficultés qu'ils y éprouvent que la certitude assez largement partagée que c'est de lui seul que se tirent la légitimité et le contenu de la formation. Cette adhérence au terrain alimente des polémiques autour d'une formation que les stagiaires estiment trop abstraite. L'alternance se réduit alors à une succession plus ou moins structurée d'espaces de formation en centre et à la périphérie. Les savoirs qui s'y développent ne circulent pas d'un contexte à l'autre, ils restent cloisonnés ; l'alternance n'y opère pas les bénéfices escomptés. L'un des enjeux serait de repenser l'alternance non comme la simple succession de contextes et de savoirs antinomiques mais comme un processus complexe non dualiste, proposant en boucles des activités pratiques, et des activités réflexives sur les activités pratiques, aussi bien en centre de formation qu'en établissement : le terrain n'aurait plus le monopole de la pratique, le centre formateur le monopole de l'analyse des pratiques. C'est l'activité professionnelle qui tout entière pourrait s'y développer au gré des contextes et compte tenu de l'expertise des personnes ressources rencontrées. Il s'agirait alors de repenser les relations entre les formateurs et les conseillers pédagogiques pour opérer une véritable coordination dans l'accompagnement des stagiaires, sans que les uns ou les autres se saisissent des savoirs comme symboles discriminatifs.

1.4 La complexité du développement professionnel en formation

La transformation de l'activité professorale est lente et imprévisible. Le cahier des charges pour la formation des maîtres à l'IUFM l'atteste à sa manière, puisqu'il porte à sept années la durée totale de formation des enseignants[1].

1. De la première année post-baccalauréat (Licence 1) à la seconde année de titularisation (T2).

Cependant, spontanément les enseignants débutants ont tendance à « s'autoformater » de façon préventive. Ils appréhendent en effet de se sentir démunis devant les élèves, que ce soit en termes de conduites de classe ou de propositions de contenus d'enseignement. Pour réduire cette « peur du vide », ils butinent de nouvelles informations sur Internet. C'est ainsi que des formes pédagogiques tant décriées par les formateurs (textes à trous avec une faible exigence disciplinaire, grilles d'évaluation fermées, procédures non progressives de sanctions, etc.), sont intégrées par eux de manière peu réfléchie, c'est-à-dire sans discernement par rapport à leurs enjeux épistémologiques et éducatifs, ou relativement à leur pertinence situationnelle.

Les professeurs stagiaires ont ensuite des **difficultés à renoncer** à des formes de travail acquises à grand-peine et qui, si elles ne sont pas entièrement satisfaisantes, permettent au moins de tenir la classe lors des premières interactions scolaires. Cette première forme de pérennité de l'activité professionnelle peut se caractériser par un faible niveau d'exigence de leur part. S'ils sont en difficulté lors de leurs premières expériences professionnelles, ils peuvent se satisfaire *a minima* du premier équilibre échafaudé en classe : un ordre relatif et un travail de la classe dans son ensemble. Sont alors délaissés les plus hauts niveaux d'exigence visant des apprentissages en concordance avec les capacités de chacun des élèves et le développement de valeurs éducatives à plus long terme. Et la qualité de l'enseignement s'en trouve amoindrie dans la mesure où le niveau de structuration de l'activité de l'enseignant est considéré comme un bon indicateur du niveau scolaire probablement atteint par les élèves. La formation à l'IUFM a un rôle décisif pour que les enseignants stagiaires aient des **ambitions éducatives supérieures** à celles liées à leurs premiers réflexes – légitimes mais non suffisants – de protection, voire de survie, dans la classe.

Cependant, lorsqu'un formateur ou un conseiller pédagogique interviennent auprès d'eux dans le but d'opérer un changement dans leur façon d'intervenir en classe, les effets sont loin d'être immédiats (Serres, Ria et Adé, 2004). Certains stagiaires adoptent les conseils énoncés, mais non sans difficulté. Bien que convaincus de la pertinence des conseils prodigués – liés essentiellement à leur portée pratique potentielle – ils craignent d'abandonner leur première façon d'agir, pourtant insatisfaisante à leurs yeux. L'adoption de nouvelles formes d'intervention ne se réalise qu'à la suite d'enquêtes minutieuses, de recompositions prudentes des scénarios de classe, et souvent avec des émotions intenses. D'autres stagiaires se disent « empêchés » par la situation de classe pour mettre en œuvre le conseil dispensé. Tout se passe comme s'ils ne parvenaient pas à mobiliser dans l'instant présent les éléments de réflexion construits en formation et à modifier le cours des contraintes extérieures pesant sur leur activité. Enfin, d'autres stagiaires récusent la pertinence des conseils du formateur qui leur paraît avoir des exigences professionnelles décalées par rapport aux leurs.

La dynamique de transformation de l'activité des professeurs stagiaires est complexe, invisible, toujours liée à leur parcours singulier de formation. Parfois, les effets de leur formation apparaissent imperceptiblement quelques mois ou quelques années plus tard. Pour certains stagiaires, les expériences de formation initiale s'accumulent sans apparente portée immédiate. D'autres ont tendance à « surdéterminer » un conseil, un événement-référence qui devient l'organisateur, le fil rouge de leur activité professionnelle. Certains semblent indifférents, hermétiques aux autres conseils, aux autres situations de formation, résistants au changement. Cependant, une expérience apparemment oubliée peut devenir significative et organisatrice de l'activité comme si cette dernière s'imposait d'elle-même à la lumière d'une nouvelle configuration de classe ou de formation. Par exemple, le conseil relatif à la préparation de l'évaluation terminale en début de cycle est prodigué très fréquemment en formation initiale mais rarement suivi par les professeurs stagiaires, qui ont du mal à prévoir ce qu'ils pourront effectivement faire apprendre aux élèves. Avec un peu plus d'expérience des situations scolaires, ce conseil peut revêtir aux yeux des stagiaires une tout autre signification : l'évaluation terminale ne portera plus sur ce qui a été enseigné mais guidera tout au long du cycle la nature des apprentissages proposés aux élèves. Ainsi, des expériences de formation apparemment sans signification particulière peuvent selon l'évolution des préoccupations professionnelles prendre un autre sens, une autre légitimité.

2. Les premiers pas en classe des enseignants débutants

Ce qu'ils disent

Fabrice, 26 ans, certifié d'histoire-géographie : « Lors de la première rencontre parents-professeurs, je me suis présenté en public... Je ne savais pas trop quoi dire sur la discipline, je me suis senti confus, en tout cas pas à la hauteur de ce que j'aurais souhaité... Un vrai moment de souffrance par rapport à l'image que je pouvais donner aux parents et à mes collègues. »

Nadège, 23 ans, certifiée d'éducation physique et sportive : « Une journée de cours lorsque l'on est stagiaire, c'est une journée avec des hauts et des bas... Des moments où l'on a l'impression que l'on colle bien au métier pour lequel on vient d'être recruté, et puis d'autres où l'on se sent démuni, pas à la hauteur, impuissant, à des années lumières de nos collègues plus anciens... Ce qui me laisse souvent un goût amer au moment de rentrer chez moi... Le sentiment de ramer et d'avoir tout à construire professionnellement... »

Chloé, 24 ans, certifiée d'anglais : « La difficulté lors de notre année de stage à l'IUFM en tant que professeur stagiaire est de changer sans cesse de statut... Comme si nous devions jouer plusieurs fois dans la journée des rôles différents avec des règles et des registres d'activités différents. À huit heures, on est prof avec tout ce que cela suppose d'autorité, de sérieux, de vigilance, de responsabilité... À dix heures dans la salle des profs, on cherche ses marques avec les collègues plus anciens que l'on a de la peine à tutoyer... L'après-midi on redevient des élèves le temps de la formation à l'IUFM avec tout ce que cela comporte de ruses et de comportements borderline : on grignote quelques minutes de cours, on bavarde entre stagiaires, on zappe les interventions quand elles sont soporifiques pour tenter de préparer le cours du lendemain avec les élèves... Bref, notre vie est très contrastée en une seule journée, et nos relations avec les enseignants, les élèves et les formateurs s'en ressentent... »

2.1 La complexité du travail des enseignants

Pour l'enseignant tendu entre une exigence institutionnelle de résultats et des élèves de plus en plus récalcitrants, le travail est un métier complexe, « flou », plein d'imprévus (Tardif et Lessard, 1999). Une **quadruple activité** le caractérise : celle de faire apprendre les élèves, celle de contrôler leurs comportements pendant leur apprentissage et celle d'estimer simultanément, et donc sans possibilité de recul, les effets de sa propre intervention sur leurs activités. Le maintien de l'ordre en classe est la condition nécessaire à l'apprentissage des élèves, mais il est aussi une autre forme d'apprentissage : la socialisation des élèves peut, dans certains établissements scolaires ou circonstances d'enseignement, prendre le pas sur les finalités d'apprentissage ou d'instruction au point de réduire le travail des enseignants à la seule gestion de la classe. Enfin s'ajoute une quatrième activité, en partie invisible car en arrière-plan de l'acte d'enseignement : celle de la préparation des cours. Cette part de conception, liée aux enjeux disciplinaires du travail, n'en est pas moins importante ; elle pèse largement sur ce qui se joue en classe, notamment sur l'enrôlement des élèves dans les tâches scolaires (Barrère, 2002).

Enseigner, c'est faire apprendre par la communication et la mise en situations. Pour Altet (1994), l'enseignant est un professionnel de l'apprentissage, de la gestion des conditions d'apprentissage et de la régulation interactive de la classe. C'est dans ce vécu interactif de communication, en situation contextualisée, complexe, incertaine, avec des apprenants particuliers que se réalisent les tâches de l'enseignant. La complexité du métier provient du fait que la confrontation à des publics en permanence renouvelés procure des impondérables et une nécessaire adaptation, avec une marge de manœuvre somme toute limitée. Doyle (1986) insiste sur son caractère **dynamique et imprévisible** : il se produit en classe des tâches et des événements simultanés, lesquels se déroulent selon une certaine immédiateté et une certaine rapidité. Ces tâches et événements comportent de l'imprévisibilité, ils sont visibles, c'est-à-dire publics ; enfin ils se déroulent selon une trame temporelle, historique, ayant des conséquences sur les événements et les tâches à venir dans la classe.

D'autre part, la littérature dans son ensemble s'accorde sur le constat d'intensification et de **complexification** du métier d'enseignant, se traduisant notamment par un alourdissement et une extension des tâches à réaliser et une complexification de l'activité en classe (Maroy, 2006). La gestion de la classe dans les établissements classés en zones d'éducation prioritaire devient prédominante et implique des compétences diverses :

> « Le travail des enseignants devient tout autant émotionnel qu'intellectuel, car il faut mobiliser, outre les savoirs académiques, des connaissances et des savoir-faire divers pour assurer des interactions qui rendent possibles les apprentissages. » Rayou et van Zanten, 2004, p. 31.

En ce sens, les enseignants vivent un « métier à haut risque », où l'erreur ne pardonne pas (Tochon, 1993), et qui implique le développement de routines intériorisées pour faire face aux situations et y répondre avec un temps minimum de réflexion. Ces routines correspondent à un corps de connaissances professionnelles spécialisées, acquises par l'entraînement et par l'expérience, et permettant aux enseignants, malgré les aléas de l'interaction et des événements de la classe, de manœuvrer et de maintenir le cap.

Cette première description du métier met en évidence au moins deux paradoxes. D'une part, l'imprévisibilité et l'immédiateté des activités en classe contrastent nettement avec la prévisibilité et l'immuabilité de la **forme scolaire** construite autour d'un dispositif organisationnel et institutionnel identique depuis des décennies dans les établissements scolaires de France (Vincent, 1994). L'enseignement fait partie des métiers les plus conservateurs, c'est-à-dire qualifiés par leur faible capacité d'innovation du fait de pratiques difficilement analysables, voire insaisissables, et donc difficilement transposables. D'autre part, la dimension interactive et sociale du métier d'enseignant s'oppose aux descriptions encore nombreuses d'un travail solitaire, d'un **travail cellulaire** dans un lieu le plus souvent soustrait au regard des autres (Vincent, 1994). Sur ce point, la massification et la décentralisation* du système éducatif ainsi que le plus grand souci de son efficacité ont conduit au renouvellement du métier en le rapprochant de métiers d'interactions dans lesquels la relation de service et la relation d'aide et de collaboration sont importantes : concertations et conseils de tous ordres, projets éducatifs pluridisciplinaires, relations avec les parents d'élèves ou avec des partenaires extrascolaires, etc.

La reconnaissance de la complexité du métier des enseignants, avec son lot d'intrications, de contradictions, d'incertitudes et de conflits, relève du processus de professionnalisation de tout métier (Perrenoud, 1996), les enseignants étant confrontés individuellement ou collectivement aux contradictions qui traversent la société, le système éducatif, l'établissement et la classe. Le travail des enseignants apparaît alors à la fois comme un **travail normé** par le contexte de l'organisation scolaire et comme un **travail professionnalisé** qui fait appel aux compétences, à l'initiative et au sens de la responsabilité de l'enseignant (Maroy, 2006).

2.2 Situations scolaires contradictoires et dilemmes professionnels

Les contraintes spécifiques du travail des enseignants peuvent être réglementaires (textes, programmes, instructions officielles, curriculum selon le niveau scolaire des élèves, durée et périodicité des apprentissages, etc.), mais aussi liées aux conditions locales d'enseignement (niveaux scolaires des élèves, nombre d'élèves par classe, niveau d'hétérogénéité des apprenants, etc.). Cependant ces contraintes sont seulement partielles et pas toujours explicites. Cette incomplétude définit en creux une marge d'autonomie, d'autodétermination des enseignants, mais aussi leur procure en permanence le sentiment de vivre des **situations problématiques** et enchevêtrées. Lorsque des dimensions contradictoires apparaissent dans une même action, les enseignants éprouvent des dilemmes (Tardif et Lessard, 1999). L'un des dilemmes de base de l'enseignement résulte de la contrainte de faire apprendre individuellement les élèves tout en gérant simultanément l'organisation collective des situations d'enseignement, tant dans sa forme matérielle que sociale. Un autre dilemme peut découler de l'alternative entre donner aux élèves la solution d'un exercice scolaire pour parvenir plus vite à d'autres fins (ce qui risque de réduire leurs possibilités de compréhension) ou les laisser rechercher la solution (ce qui risque de prendre davantage de temps et de réduire ainsi le travail scolaire à un seul registre d'activité).

Un **dilemme** est l'expression d'une situation au sein de laquelle deux orientations possibles de l'action s'opposent : l'une et l'autre se justifient individuellement mais se révèlent incompatibles mutuellement. Le dilemme est un cercle vicieux : l'acteur ne peut pas ne pas y faire face, et en même temps toute solution est impossible. Il ne peut conserver les deux dimensions contradictoires, et le choix dont il dispose est dérisoire dans la mesure où il produit une issue insatisfaisante quelle que soit la décision.

Dans l'enseignement, Durand (1996) décrit trois types de dilemmes, respectivement liés à trois sortes d'incompatibilité : a) entre les différents objectifs éducatifs, b) entre les objectifs éducatifs et les conditions d'enseignement, c) entre les conditions d'enseignement et les exigences propres aux situations d'apprentissage. Ces dilemmes divisent en permanence les enseignants. Une abondante littérature sur le stress des enseignants adopte l'idée d'un enseignant victime de situations d'enseignement porteuses en elles-mêmes de dimensions conflictuelles, et provoquant chez lui des tensions internes liées au caractère insoluble de son action. De sorte que la somme des attentes possibles pour l'enseignant dessine en creux un « métier impossible » (Perrenoud, 1996).

Dans cette première approche, les dilemmes des enseignants résultent de leur intériorisation de multiples **enjeux sociaux contradictoires** : les attentes des élèves, des autres enseignants, des parents d'élèves, des programmes politiques, etc. Ces visées éducatives antinomiques produisent des conflits chez les enseignants. Une seconde approche met l'accent sur la construction endogène des dilemmes professionnels, en soulignant la part subjective des individus dans leur détermination compte tenu de leur expérience professionnelle. Ce qui conduit à relativiser les déterminismes extrinsèques : une situation d'enseignement ne détermine pas des dilemmes existant *a priori*. Ceux-ci émergent de la relation que l'acteur entretient avec la situation scolaire : un enseignant peut éprouver des dilemmes là où un autre n'en éprouve pas. D'autre part, un enseignant peut se sentir « prisonnier » de sa situation de travail, alors que celle-ci peut apparaître de l'extérieur sans lignes de tensions particulières. Les dilemmes sont alors par essence personnels : ils constituent le développement dynamique et subjectif d'un engagement professionnel basé sur la perception d'orientations contradictoires.

Les enseignants tentent de résoudre leurs dilemmes professionnels de trois façons :

– la première se traduit par la **conservation** du dilemme dans le temps : la contradiction est conservée dans les limites des normes de tolérance et d'acceptabilité de chaque enseignant ;

– la deuxième consiste en **l'abandon** d'une des alternatives contradictoires du dilemme : les enseignants se résignent à « lâcher prise » momentanément ou à plus long terme, au niveau d'une de leurs exigences. En d'autres termes, devant un dilemme les enseignants sont mis en demeure de choisir : il s'agit de supprimer la ligne de tension en supprimant le dilemme ;

– la troisième réside dans la recherche d'un **compromis** qui permet de négocier une solution transitoire, certainement pas optimale mais provisoirement viable et relativement satisfaisante.

Les enseignants débutants ont tendance à suivre la seconde voie (Ria, Saury, Sève et Durand, 2001) : ils parviennent difficilement à faire des choix en classe ou à mener plusieurs activités de front. Ils ont tendance à maintenir quelques instants tant bien que mal deux orientations contradictoires dans leur action, mais le partage se révèle inefficace. Ils éprouvent des **émotions intenses**, des sentiments d'inconfort, de frustration, d'agacement, de déception (Ria, 2005). Ils ont la sensation d'être « cloués sur place », « pris au piège ». Ils hésitent, se sentent perturbés ou incompétents, et abandonnent l'une des deux orientations du dilemme. Ils procèdent par réduction en se focalisant uniquement sur l'attente jugée prioritaire : le contrôle des élèves les plus perturbateurs, la conservation du plan de leçon, etc.

La perception par les enseignants des dimensions contradictoires de leur activité professionnelle est directement liée à leurs exigences éducatives. Plusieurs **niveaux hiérarchisés d'exigence professionnelle** peuvent être alors distingués (Durand, 1996) :

– une exigence d'ordre visant le contrôle des élèves, leur obéissance à des règles disciplinaires en classe ;

– une exigence de participation visant leur engagement global dans les tâches scolaires ;

– une exigence de travail visant un engagement de chacun dans un travail adapté à ses moyens ;

– une exigence d'apprentissage visant leur engagement dans un travail dont les effets pourront être évalués à plus long terme ;

– une exigence de développement visant une évolution de leur activité selon une orientation éducative à long terme.

Cette organisation hiérarchique des préoccupations professionnelles est définie par une relation d'inclusion : la mobilisation de préoccupations d'un niveau supérieur implique la maîtrise de celles des niveaux inférieurs.

Concrètement, les enseignants débutants ne peuvent se consacrer au travail qualitatif de tous leurs élèves qu'à partir du moment où ils ont surmonté les difficultés inhérentes au maintien de l'ordre en classe. Le niveau d'exigence professionnelle des enseignants est un bon indicateur pour comprendre leur travail au quotidien. Un enseignant peut se montrer insatisfait s'il ne parvient pas à individualiser le travail de ses élèves alors qu'un autre peut se satisfaire d'une participation plus globale de la classe. Certes, cela dépend beaucoup des élèves qu'ils ont en charge. Néanmoins, l'observation de l'activité des enseignants dans des établissements difficiles montre l'une des limites d'une telle catégorisation hiérarchique. La priorité de ces derniers est de mettre les élèves au travail concrètement le plus tôt possible, dès leur entrée en classe, pour que l'implication individuelle de chacun dans des tâches attractives et graduées puisse limiter progressivement l'agitation collective. Ainsi, **l'ordre en classe** peut être la **résultante du travail** et non son préalable.

2.3 Le développement professionnel des enseignants débutants

Si l'exigence professionnelle dépend des valeurs éducatives de chacun, elle se transforme aussi au cours de la carrière professionnelle qu'Huberman (1989) décrit en quatre étapes :

– une étape de trois années de « survie » et de « découverte » pour les enseignants débutants ;

– une étape de stabilisation professionnelle entre les quatre et les six premières années d'enseignement ;

– une étape d'engagement et d'expérimentation professionnels de la septième à la dix-huitième année d'enseignement ;

– une étape, entre la dix-neuvième et la trentième année, pendant laquelle les enseignants peuvent éprouver un état de sérénité professionnelle ou au contraire ressentir des phénomènes d'usure, de doutes personnels, de repli sur soi.

La première étape, de « survie », est appelée aussi **choc de la réalité** (Veenman, 1984) pour qualifier le passage brutal du milieu étudiant au milieu professionnel mais aussi la longue, complexe et parfois douloureuse assimilation professionnelle et maîtrise de l'environnement scolaire. La littérature s'accorde à considérer que peu d'expériences ont un impact aussi important sur la vie personnelle et professionnelle que la première année d'enseignement. Les débutants ont tendance lors de cette première étape à être centrés sur eux-mêmes, sur l'image qu'ils donnent à leurs élèves et à la communauté éducative. Cette focalisation est frappante chez les professeurs stagiaires, qui expriment assez spontanément des sensations liées à leur propre engagement en classe sans le plus souvent être capables de décrire l'activité des élèves. Pour Fuller (1969), une conversion s'opère progressivement au fil des premiers mois (ou des premières années) d'expérience professionnelle, d'une centration **sur eux-mêmes** à une centration **sur la tâche** et les contenus d'enseignement proposés aux élèves, puis à une attention accrue à l'égard des effets de leur enseignement **sur les élèves**.

Cette période de transition brutale s'explique par le fait que les néotitulaires constatent rapidement que leur nouveau statut, qui leur attribue une place dans le système scolaire, ne leur donne pas les clefs de leur métier. Ils doivent enseigner tout en apprenant à maîtriser des compétences professionnelles partiellement acquises lors de leur formation initiale. Ils vivent de leur point de vue des « petites crises chroniques d'incompétence » : « *Là, je ne trouve pas de moyen pour aider cet élève en difficulté, je constate mon impuissance à l'aider, je souffre... Ça ne dure pas... Mais bon...* ». En première analyse, ces difficultés s'expliquent par la nouveauté de leur engagement en classe. Même s'ils n'ont jamais vraiment quitté l'école depuis la maternelle, c'est la première fois qu'ils se retrouvent seuls face aux élèves. Leur horizon s'en trouve profondément modifié. Le monde scolaire jusque-là familier devient brusquement étranger. L'obligation de s'exposer en s'exprimant publiquement rompt subitement avec deux dizaines d'années d'écoute et d'engagement moindre sur les bancs de l'école. Des émotions intenses découlent du décalage entre leurs attentes (idéalistes) et la perception de la situation dans laquelle ils sont engagés. Les débuts dans des établissements difficiles accentuent leur malaise et provoquent parfois des remises en cause plus profondes. Cela peut s'apparenter parfois à un travail de deuil vis-à-vis des exigences scolaires, ou au moins à une forme de repli provisoire qu'il sera ensuite possible de dépasser avec un peu plus d'expérience. Mais il s'agit moins du **deuil** de ses visées éducatives idéalistes (les néotitulaires savent par leur formation et leurs aînés que leurs premières années d'exercice professionnel seront dures) que du deuil vis-à-vis d'eux-mêmes : deuil par rapport à ce qu'ils auraient souhaité être ou avoir comme compétences pour enseigner, comparativement à ce qu'ils perçoivent d'eux-mêmes au quotidien. Ce qu'exprime une enseignante après quatre années d'expérience professionnelle dans des établissements difficiles :

> « Je crois que les premiers deuils, du moins les plus difficiles, ne sont pas forcément face aux exigences institutionnelles (ils existent mais ils ne sont pas les plus longs à faire). Par contre se jouent d'autres deuils par rapport à ce que l'on croyait être et ce que l'on voulait être et l'on se découvre par exemple capable d'agressivité, de faiblesse, d'émotions… »

Les émotions des enseignants

Les chercheurs s'accordent aujourd'hui à reconnaître la part essentielle des émotions au sein de l'activité humaine. Elles sont constituées de plusieurs éléments en interdépendance : des comportements expressifs, des évaluations cognitives de la situation rencontrée compte tenu de ses intérêts, des réactions physiologiques, des tendances à l'action pour faire face, tendre vers ou fuir les situations vécues de manière positive ou négative, une expérience subjective ressentie de façon plus ou moins intense et explicitable à autrui. Davantage qu'une simple coloration de la pensée, les émotions constituent un processus adaptatif à la base des actions quotidiennes et jouent un rôle fondamental dans les apprentissages et les interactions sociales.

Dans la plupart des professions, les travailleurs tentent de mettre à distance leurs émotions pour ne pas trop s'impliquer dans l'exercice de leur métier. Les enseignants travaillent quant à eux régulièrement entre plaisir et souffrance selon les conditions d'enseignement et leur niveau d'exigence professionnelle[1]. De manière caractéristique, les enseignants interviennent sur les émotions des élèves pour créer un climat de classe favorable au travail, alors qu'ils sont eux-mêmes en situation d'en ressentir. Et la mobilisation de ce registre émotionnel n'est qu'un moyen pour atteindre d'autres objectifs : l'apprentissage ou le développement de valeurs éducatives.

Les enseignants débutants éprouvent souvent des émotions intenses en début de cours, en début d'année scolaire, et lors de la première année scolaire puisqu'ils apprennent conjointement à maîtriser des gestes professionnels nouveaux et à maîtriser leurs émotions sous le regard des élèves, des autres collègues[2]. Peu à peu, ils repèrent les situations typiques d'émergence de leurs émotions positives ou négatives. S'ils ont tendance à dissimuler leurs troubles lors de déconvenues professionnelles, ils apprennent progressivement à manipuler leurs émotions à des fins pédagogiques en les amplifiant ostensiblement. À ce titre, les enseignants plus chevronnés théâtralisent dans certaines circonstances leurs émotions pour signifier un désaccord ou feindre une colère.

Les récits sur les débuts professionnels font très souvent allusion au **monde théâtral** : entrer dans la peau d'un prof, entrer sur scène avec le trac, faire face à un public, jouer des rôles, simuler des attitudes ostentatoires, se relâcher à l'entracte… Une enseignante néotitulaire en mathématiques évoque la nécessité de se construire une sorte de personnage en classe :

« Moi je suis quelqu'un de pas très organisé, il a fallu que je calcule un personnage en classe parce qu'il faut être strict, il faut toujours avoir le

1. C. Blanchard-Laville (2001), *Les Enseignants entre plaisir et souffrance*, Paris, Presses Universitaires de France.
2. L. Ria (2005), *Les Émotions*, Paris, Revue E.P.S., coll. « Pour l'action ».

> même rituel, donc ma façon d'être en cours a vraiment été construite de manière carrée, mesurée. C'est un rôle d'acteur où il y a un tout petit peu de moi dedans. Je peux donner l'impression d'être hyperstricte mais dans la vie j'adore les gosses… »

Elle reconnaît qu'elle ne sait pas être autrement en classe tellement elle ressent une peur diffuse mais persistante de se faire chahuter : « *Parce que le problème, c'est que j'ai tellement peur que… J'ai toujours peur que ça parte en vrille, toujours…* ».

Les débutants évoquent l'angoisse, la peur, la fatigue, l'épuisement liés à leurs premiers face à face. Ils craignent l'avis de leurs collègues ou des parents d'élèves, de ne pas être à la hauteur de leur statut professionnel. Ils se plaignent de l'inconséquence de leurs interventions en classe qui fluctuent au gré des événements :

> « D'une fois sur l'autre, j'ai l'impression d'être trop différente, sévère un jour, laxiste le lendemain… Et à chaque fois décalée par rapport aux élèves… Trop autoritaire quand ils sont sages, trop cool quand il faudrait sévir… »

Leur difficulté est certainement due aux profonds **changements identitaires** occasionnés sur une période courte à la suite de leur recrutement. Lors de leur première rentrée scolaire, leur relation avec les élèves est souvent ambivalente, tout au moins fluctuante. Certains profitent de leur jeunesse pour créer des relations de connivence :

> « Ça, au moins, c'est l'avantage… On a seulement quelques années de plus qu'eux, alors on peut être plus complice et avoir une relation plus stimulante qu'avec les profs plus âgés que nous… D'ailleurs, souvent, je me sens mieux avec mes propres élèves que dans la salle des profs… »

D'autres, au contraire, adoptent une posture autoritaire et distante pour éviter les travers d'une relation équivoque. D'aucuns passent en quelques mois d'un laxisme prononcé à des conduites plus répressives. Ces attitudes témoignent de leur difficulté à résoudre les nombreux conflits vécus entre leurs différents statuts de jeune, d'adulte, de grand frère, de copain, de père, d'adulte, d'ancien écolier, d'étudiant, de prof, mais parfois aussi d'animateur extrascolaire.

La construction de **l'identité professionnelle** des enseignants débutants au sein du monde scolaire se caractérise par de nombreuses remises en cause. La **découverte** et le **tâtonnement** traduisent la nécessité de créer des points de repères, de définir une relation pérenne avec les élèves. Les premières expériences de classe sont riches en explorations, essais et erreurs. Certains témoignages évoquent l'apprentissage sur le tas, le parachutage. Leurs surprises et leurs déceptions sont d'autant plus fréquentes :

> « À chaque fois que mes élèves ne réalisent pas ce que j'avais prévu pour eux, je me sens très mal à l'aise, une sorte de sentiment de ne pas être à la hauteur du métier pour lequel je viens d'être recruté… »

Une lente amélioration de la maîtrise pédagogique contribue à encourager la plupart des enseignants. Les remarques positives des élèves, la meilleure gestion des leçons permettent peu à peu le dépassement de leurs préoccupations initiales. Le soutien des collègues, d'un proche en dehors du cadre scolaire contribue également à les encourager. De façon plus générale, les enseignants déplorent le manque de développement d'un répertoire pédagogique de base au sein des formations initiales. Ils reconnaissent aussi qu'il est nécessaire de s'adapter à la situation scolaire, de construire une certaine alchimie relationnelle en usant de savoir-faire d'expérience : par exemple, faire face aux problèmes de discipline, ne pas paniquer devant les élèves, ne pas être trop proche des élèves, conserver une ligne d'action stable et distante, distinguer son rôle d'enseignant en classe de celui de la personne privée.

4

Travailler avec des élèves

1. Le choc de la première fois

Ce qu'ils disent

Thierry, 27 ans, certifié de mathématiques : « J'aurais préféré arriver, pouvoir passer derrière chaque élève, lui tenir son compas, l'aider à tracer ses dessins ou autre chose, alors que je vois que je passe énormément de temps à remplir le carnet sur lequel je note les élèves punis. Il faut en arriver à ça, quoi ! Je n'ai pas de problèmes lourds, mais je suis en conflit avec certains élèves, je suis obligé de les punir, malheureusement je mets des heures de retenue. »

Laure, 26 ans, certifiée de lettres : « Tout de suite, ils ont bien senti que les règles, je les avais pas bien posées et du coup, c'était pas eux qui allaient les respecter si moi je ne les faisais pas respecter… Donc je pense que c'est parti de là. Après, j'ai essayé de rattraper un petit peu les choses, mais ça a été ponctuel. Je crois que j'ai pas été crédible en fait, même à partir du moment où j'ai voulu changer, rattraper les choses. Donc je me retrouvais avec des tonnes de punitions après lesquelles je courais et bon… Ils sentaient peut-être que je n'irais pas loin. Que je croyais pas à ce que je disais, aux menaces, etc. Donc, ils se permettaient tout et n'importe quoi. »

Rita, 31 ans, certifiée de lettres : « Je ne savais pas ce que pouvaient vivre certains enfants dans leurs familles, toutes les horreurs que certaines petites filles vivaient […]. Je suis rentrée à la maison, j'ai pleuré en me disant : "Toi, tu n'avais qu'une envie, c'était de quitter cette école…" Le soir même, tout de suite je suis arrivée et je me suis dit : "mais, ma fille, c'est toi qui vas faire quelque chose pour eux, ce n'est pas eux qui peuvent le faire". Oui, ça a changé mon regard. »

1.1 Passer de l'autre côté

Même si l'univers de la classe est très connu puisqu'on y a passé la plus grande partie de sa vie, faire le « tour du bureau » ne va pas de soi. Occuper la place centrale expose et l'on découvre rapidement qu'une classe n'est pas faite d'une addition d'élèves proches de ce qu'on était soi-même il y a peu, mais réunit, dans une alchimie toujours un peu étrange, des personnes très différentes au comportement collectif pas toujours prévisible. Ce passage n'est cependant pas particulier au métier d'enseignant, il accompagne normalement l'accès à une responsabilité dans la prise en charge d'un collectif. Ce qui diffère en revanche par rapport à des époques antérieures, c'est le fait que les élèves, quoique de plus en plus nombreux à poursuivre leurs études dans une société qui les y incite fortement, manifestent aujourd'hui peu d'appétence pour les apprentissages scolaires. Nombre d'enquêtes en attestent et la thématique de leur ennui nourrit régulièrement les débats médiatiques.

Certes, ceux qui entrent aujourd'hui dans le métier d'enseignant ont eux-mêmes été scolarisés dans les conditions de massification du système éducatif. Ils ont donc connu ces façons d'être en cours sans « y être » vraiment qui font que le groupe classe peut constituer un frein important à l'avancement du cours tel qu'il a été conçu lors de sa préparation. Leur propre réussite scolaire leur faisait sans doute minimiser les perturbations dont ils étaient témoins, voire acteurs, mais, même s'ils ont conservé le souvenir de cette expérience, s'attendre intellectuellement à des difficultés pour affirmer son autorité sur des élèves ne suffit pas toujours à surmonter émotionnellement l'épreuve de la réalité. Cette situation est d'autant plus difficile à assumer que les aînés dont ils prennent le relais ont eux-mêmes découvert ces « nouveaux élèves » vers la fin de leur carrière sans avoir pu élaborer des modalités professionnelles suffisamment affirmées pour être transmises à leurs successeurs.

À la difficulté toujours réelle de « passer de l'autre côté » s'ajoute donc celle d'avoir à s'occuper d'élèves très différents de ceux qui occupaient, avant les années 90, les salles de classe du second degré. Il paraît alors important de se décentrer un peu pour comprendre pourquoi les publics d'élèves d'aujourd'hui n'entrent pas si volontiers dans la forme scolaire. La création du collège unique en 1975, la loi d'orientation de 1989, ont été des jalons importants dans un processus de longue durée qui a vu un nombre de plus en plus important d'enfants issus de milieux sociaux modestes continuer leurs études dans le second degré, voire à l'université. Les professeurs, ceux de collège en particulier, doivent faire face à une **hétérogénéité** des élèves que limitait jusque-là le cloisonnement du système éducatif. Cela se manifeste d'abord pour eux par le « niveau » des élèves, très différent d'un établissement à l'autre, mais aussi à l'intérieur d'un même établissement. Mais l'hétérogénéité se manifeste aussi en termes de comportements : les élèves font entrer dans l'établissement des objets (casquettes, baladeurs...), adoptent des attitudes (injures, refus du travail intellectuel...) qui, pour n'être pas violentes, n'en constituent pas moins des incivilités au quotidien qui nécessitent, de la part des enseignants, de réinstaller en permanence le cadre scolaire (Debarbieux, Dupuch et Montoya, 1997) et induisent chez eux un sentiment d'usure professionnelle.

« *Je ne croyais pas que ce métier exigeait une telle implication de soi* », disent souvent les nouveaux entrants. Les demandes des élèves, souvent perçues comme très gratifiantes bien que fatigantes, donnent à celui-ci une dimension sociale à laquelle la construction d'une identité professionnelle très ancrée dans les savoirs académiques avait assez peu préparé. Ce travail, normalement relationnel, met d'autant plus à l'épreuve les personnes qu'il se déroule aujourd'hui sur fond d'un affaiblissement du programme institutionnel (Dubet, 2002) qui prescrivait traditionnellement les statuts et les rôles des uns et des autres. Les enseignants sont de plus en plus obligés de pratiquer un « travail investi » dans lequel ils ne peuvent se contenter de s'acquitter d'une tâche, mais s'exposent inévitablement à éprouver joies et souffrances (Tardif et Lessard, 1999). Les débuts de carrière sont ainsi souvent occupés par des interrogations sur les risques de débordement de la part des élèves. Ceux qui entrent dans le métier sont en effet perçus par leurs élèves comme des jeunes, proches, à leurs yeux, des aides éducateurs, des surveillants ou des copains. Se pose alors la question de la « bonne distance » à observer avec eux pour assumer cette proximité tout en jouant sa fonction d'enseignant responsable des apprentissages. Cela passe par des interrogations apparemment banales comme : comment s'habiller pour que mes élèves ne me prennent pas pour un « vieux » totalement coupé de leurs préoccupations, sans entrer dans des rapports de proximité qui ruineraient toute autorité pédagogique ? Ou par d'autres, plus aiguës, comme celle de savoir ce qu'il faut faire lorsqu'un jeune vous fait part de ses pulsions suicidaires ou d'une situation familiale manifestement traumatisante pour lui.

Les connaissances dans telle ou telle discipline n'arment ici qu'assez peu pour faire face à ce genre de situation et, en particulier dans ce dernier cas, c'est la collaboration avec les autres membres de l'équipe éducative, incluant notamment les conseillers d'éducation et le conseiller d'orientation psychologue, qui permet de mutualiser les compétences et de ne pas se retrouver seul et dépourvu. De façon générale, la difficulté consiste à accepter une implication personnelle devenue de plus en plus nécessaire tout en se mettant à l'abri de comportements d'élèves qui peuvent s'en prendre à l'adulte référent pour exprimer des récriminations dépassant très largement les enjeux d'une heure de cours. Il importe que les enseignants, sous peine de s'épuiser physiquement et mentalement, ne prennent pas pour des attaques personnelles les mille et une manières de perturber la classe par lesquelles les élèves expriment et calment leurs frustrations. C'est pourquoi, passé le temps de ces premières morsures du réel, il faut essayer de comprendre pourquoi les élèves peuvent se comporter ainsi afin d'adopter des attitudes et des gestes professionnels qui permettent aux uns comme aux autres de garder l'**estime de soi**.

1.2 Entrer dans la logique des élèves

Lorsque les enseignants ont devant eux des classes qui n'entrent pas volontiers dans le jeu scolaire, il est tentant pour eux de considérer leurs élèves comme des sauvageons réfractaires à l'éducation, livrés à eux-mêmes par des familles démissionnaires. Cette réaction s'explique parfaitement par les difficultés réelles éprouvées dans la nécessité d'installer les conditions de l'étude avant même de pouvoir enseigner. Pourtant, le point de vue qu'elle exprime résiste peu à l'analyse : les parents de milieux populaires ne sont pas moins préoccupés que les autres par les questions éducatives et la réussite scolaire et sociale de leurs enfants. Ils ont en fait du mal à se comporter en partenaires d'une école secondaire dont ils maîtrisent mal les codes pour ne l'avoir eux-mêmes pas fréquentée ou n'y avoir pas réussi (Périer, 2005). Leurs enfants peinent à s'orienter dans un monde scolaire dont les différentes fonctions (distribuer des qualifications, éduquer, intégrer à la société) ont perdu de leur consistance et de leur cohérence. Car les adultes ne parviennent plus vraiment à se mettre d'accord sur ses finalités, ses programmes, ses modes de gestion. Au lieu d'être dirigés et orientés par le système éducatif, les jeunes ont été progressivement appelés à façonner eux-mêmes leur cursus en développant un projet, en passant des contrats pédagogiques avec leurs enseignants, en développant une participation à la vie de leur établissement. Ils ne répondent pourtant qu'avec une certaine tiédeur à ces appels et invoquent des raisons assez sérieuses pour justifier leurs comportements.

Beaucoup de leurs récriminations s'enracinent dans un sentiment global **d'injustice** (Caillet, 2006 ; Merle, 2005 ; Rayou, 1998). Ils estiment souvent en effet que, lancés bon gré mal gré dans des études dont ils ne sont pas sûrs qu'elles les qualifieront vraiment, ils risquent de consentir des efforts jamais véritablement récompensés. Ne suffit-il pas d'obtenir la moyenne pour passer dans la classe supérieure et rester dans le jeu ? Pourquoi faut-il faire des mathématiques pour être dans de bonnes classes si l'on n'envisage pas, par la suite, un cursus scientifique ? Les adultes ne profitent-ils pas de ces incertitudes pour ne pas tisser avec les élèves des relations empreintes de respect réciproque ? La solidarité entre élèves ne risque-t-elle pas d'être mise à mal par les classements et les filières qui, malgré l'affirmation de l'égale dignité des séries, créent, de fait, des ségrégations ?

Ces interrogations récurrentes et quelques autres encore nourrissent les phénomènes de déscolarisation qui s'expriment dans des manifestations violentes des élèves, mais aussi et surtout dans leurs **incivilités** ordinaires. Ces manquements à l'ordre scolaire sont un obstacle très sérieux aux apprentissages, mais ces refus de mise au travail sont eux-mêmes très souvent la conséquence d'échecs dans les apprentissages dont les élèves ne perçoivent pas les causes. C'est sans doute d'abord parce qu'ils ne réussissent pas à faire ce qui leur est demandé qu'ils se retournent contre les adultes des établissements (et souvent aussi contre leurs pairs à travers des pratiques de harcèlement ou de racket) dont ils comprennent mal qu'ils ne soient pas satisfaits de leur travail.

Beaucoup d'élèves n'ont pas, de fait, à leur entrée au collège, les prérequis pour réussir, bien qu'ils aient maintenu jusqu'au CM2 une implication au moins partielle dans le travail scolaire. Jusque-là, ils avaient fait « ce que le maître ou la maîtresse dit de faire » et ne voyaient pas nécessairement la différence entre être dans l'activité intellectuelle et s'acquitter d'une tâche. La montée des exigences du collège accroît le malentendu et ces mêmes élèves, cherchant à faire ce qu'ils croient attendu, font des efforts qui ne paient pas. Éprouvant un sentiment d'humiliation et d'injustice, ils tendent à confondre les rapports aux apprentissages et les rapports entre personnes et catégorisent en gentils et méchants les enseignants qui, par les notes et appréciations, leur renvoient une bonne ou mauvaise image d'eux-mêmes (Bautier, 2003). Craignant de perdre la face, nombre de ces élèves installent entre le système scolaire et eux une distance critique. Ils divisent alors le monde en « pitres » et « bouffons », les premiers, en qui ils se reconnaissent, font rire aux dépens de l'école tandis que les seconds, qu'ils rejettent, sont comme des collaborateurs qui auraient choisi le monde des adultes contre celui des jeunes (Dubet et Martucelli, 1994). Ils essaient d'entraîner leurs pairs à se soustraire à l'action des enseignants, lesquels ne supportent pas de ne plus être écoutés. Un cercle vicieux s'installe alors, qui procède paradoxalement du sentiment partagé d'être méprisé par l'autre (Cousin et Felouzis, 2002).

Les jeunes enseignants pensent parfois qu'il suffirait de se débarrasser de quelques élèves particulièrement perturbateurs pour rétablir des conditions propices à l'étude. Certes l'exclusion des élèves les plus insupportables peut quelque temps calmer le jeu, mais d'autres élèves, d'autres classes reprendront ce travail de sape dont on voit mal qu'il puisse être durablement contrecarré par autre chose que des mises en situation de réussite qui font retrouver aux perturbateurs l'estime d'eux-mêmes. Même les valeurs sûres de l'école, les filles, traditionnellement plus collaboratives en raison de leur perception plus positive de l'école, peuvent entrer dans de tels mécanismes d'opposition. En particulier dans des établissements qui présentent des défaillances locales et qui voient se forger des « crapuleuses » exerçant contre leurs pairs et l'institution les mécanismes de domination dont elles sont elles-mêmes victimes (Rubi, 2005).

Connaissant eux aussi une situation d'incertitude et pour essayer de faire tenir ensemble les dimensions disjointes de l'institution, les élèves mettent en œuvre un véritable **métier**. Ceci n'est pas vraiment nouveau et on a souvent sous-estimé les capacités des élèves, même très jeunes, à utiliser avec profit les zones d'incertitude de l'école. La promotion de pédagogies davantage centrées sur les élèves et la construction de leur autonomie a renforcé ce jeu d'acteur, mais c'est aussi le fait, de manière plus indirecte, de l'extension des scolarités qui a contribué à développer une expérience commune, en particulier chez les adolescents. La place et le rôle des cultures juvéniles sont ainsi croissants dans les établissements de second degré : les élèves d'une même classe d'âge y vivent ensemble de plus en plus nombreux et de plus en plus longtemps et adoptent des manières d'être ensemble qui pèsent sur les interactions. Ainsi au lycée, où les comportements des jeunes sont généralement moins violents qu'au collège, existe un sentiment partagé de suivre une scolarité par défaut quand on n'a pas la chance d'être dans les séries les plus prisées qui « ouvrent toutes les portes ».

Les lycéens, souvent peu au fait des exigences réelles du travail intellectuel, ébranlés par les évaluations, vivent mal les scolarités qui ne les conduisent pas aux "vrais" baccalauréats (Charlot, 1999). Ils cherchent alors auprès de leurs pairs un réconfort que ne leur offre pas la perspective de faire des études généralement plus longues que celles qu'ont faites leurs parents sans être sûrs d'en obtenir les bénéfices escomptés. En adoptant le parler des cités ou des looks de rappeurs, ils peuvent mettre en concurrence les normes scolaires à partir des cultures de la rue. Mais ils construisent surtout en commun des règles de comportement qu'il leur devient difficile d'enfreindre (Establet, 2005). Les normes désormais installées, y compris dans de « bons » établissements (comme ne pas chercher à avoir plus que la moyenne pour passer dans la classe supérieure ou pratiquer un absentéisme maîtrisé qui procure de la liberté sans faire prendre le risque de l'exclusion) façonnent des comportements paradoxaux. Pour conserver leur personne dans un univers qui, selon eux, en menace l'originalité, les lycéens vont adopter des attitudes homogènes censées préserver leurs différences et développer une paradoxale « tyrannie de la majorité » qui s'exerce aussi bien sur les looks et les consommations culturelles que sur les modes de communication et l'expression des sentiments (Pasquier, 2005). Cette mise en forme s'étend au travail intellectuel : alors même que les enseignants leur demandent un engagement personnel, ils essaient eux-mêmes d'appliquer des recettes pour

« restandardiser les tâches » (Barrère, 2003). Ils ont beaucoup de réticence à « s'y mettre », au double sens de commencer à travailler et de prendre des risques intellectuels (Bautier et Rochex, 1998 ; Rayou, 2002).

Le métier d'élève

Travailler avec des élèves c'est considérer aussi qu'ils font un **métier**[1]. À l'instar des adultes, ils exercent en effet un genre de travail, une activité déterminée reconnue et tolérée par la société et dont ils peuvent tirer des moyens d'existence. De plus, comme tout acteur social, ils développent la capacité de tirer leur épingle du jeu, d'adopter des stratégies qui leur garantissent la survie et une certaine tranquillité. Loin de se laisser façonner par l'école, ils y déploient des stratégies, par exemple lorsque, jouant un rôle d'intermédiaires entre les enseignants et leur famille (en transmettant plus ou moins fidèlement certaines informations), ils sont des « go between » qui maîtrisent seuls des éléments de ces deux univers et développent des stratégies de négociation avec les enseignants et les parents.

Le rapport scolaire avec les élèves ne se limite pas à leur mise en relation avec le savoir. Ils peuvent en effet déployer des activités particulières en réaction à la situation scolaire, en s'y conformant, en la négociant ou en la refusant (par une opposition active à l'égard de l'enseignant et du monde scolaire ou par une résistance passive : décrochage, absentéisme, simulation du travail). Ils sont des acteurs individuels et collectifs susceptibles d'agir sur la transmission et sur la nature même des savoirs scolaires. Certains n'apprennent pas parce qu'ils exercent leur métier n'importe comment ou pour d'autres raisons. Certains ne font que les gestes du métier, la tête ailleurs.

Or souvent les enseignants dénient aux élèves le droit d'avoir des stratégies. Ils les condamnent alors à adopter des stratégies du pauvre parce que défensives, à jouer avec les règles, à les contourner, y échapper ou négocier leur application. Il paraît alors nécessaire que les professeurs, au lieu de simplement dérouler leur scénario, construisent avec leurs élèves des régulations par lesquelles ils négocient tout en maintenant un cap.

1. R. La Borderie (1991), *Le Métier d'élève*, Paris, Hachette ; P. Perrenoud (1988), *La Fabrication de l'excellence scolaire*, Genève, Droz ; R. Sirota (1993), « Le métier d'élève », *Revue Française de Pédagogie*, 104, p. 85-108.

1.3 Agir selon des règles

Face aux attitudes parfois violentes des élèves, les jeunes enseignants sont tentés de chercher des réponses dans les mesures répressives dont ils peuvent disposer. Ceci est parfaitement légitime, notamment dans les cas les plus graves et heureusement les plus rares où la sécurité des personnes est en jeu. Ce n'est cependant pas toujours efficace dans les situations plus banales, surtout si les élèves ont l'impression d'être eux-mêmes victimes d'une violence de l'école à leur égard. Il importe alors de travailler sur les malentendus en considérant l'enseignement comme un tout incluant de la didactique, de la pédagogie, du travail d'équipe, des relations avec le milieu local (Debarbieux, 2006). La crainte de n'être pas écouté par les élèves est sans doute à l'origine de la recherche de dispositifs qui permettent de maîtriser les situations de classe, de faire un cours qui respecte les impératifs de la discipline et des programmes tout en s'assurant d'une bonne réceptivité des élèves (Davisse et Rochex, 1995).

Les jeunes professeurs sont, la plupart du temps, venus au métier pour transmettre une **discipline** qui leur tient à cœur et eux-mêmes, généralement assez bons élèves pendant leur propre scolarité, ont du mal à comprendre que leurs classes ne partagent pas d'emblée leurs objectifs. Les stagiaires et néotitulaires posent alors très souvent ces questions brûlantes en termes de gestion de classe. Comment se comporter face aux élèves ? Faut-il relever leurs provocations ? Quelles sont les punitions efficaces ? Ils échangent beaucoup entre eux, souvent en marge de la formation de l'IUFM, sur les meilleurs moyens d'obtenir l'ordre qui leur permette d'enseigner. Certes tous les comportements ne se valent pas en la matière et il importe de trouver des routines qui aident à faire tenir les situations. Savoir placer sa voix, se déplacer pour avoir des informations pertinentes sur le comportement de la classe etc., sont des techniques qui participent du travail d'enseignement. Mais elles risquent de demeurer inefficaces si elles ne s'adossent pas à une autorité reconnue par les élèves pour leur faire acquérir des connaissances et des compétences.

La difficulté principale consiste sans doute dans la double nécessité de porter la responsabilité des apprentissages et d'entrer dans le point de vue des

élèves afin de comprendre en quoi il les facilite ou, au contraire, les inhibe. Car les élèves ne sont pas des receveurs passifs des savoirs, ils intègrent l'enseignement qu'ils reçoivent dans des objectifs multiples comme obtenir une qualification tout en ne renonçant pas à des relations conviviales avec leurs pairs. Ils s'engagent ainsi plus volontiers dans des tâches mineures qui ne nécessitent pas un engagement intellectuel et personnel de leur part et avec plus de réserve dans des tâches majeures, qui, en particulier, les soumettent à une évaluation. Il importe de parvenir avec eux à des *modus vivendi* qui garantissent un climat d'apprentissage tenant compte des objectifs à atteindre et de l'ensemble des **stratégies** des acteurs en présence (Durand, 1996).

Le risque inhérent aux conditions de prise de fonction est dans une confusion de la règle disciplinaire et des normes intellectuelles de l'apprentissage. Les écrits professionnels des enseignants stagiaires montrent très souvent leur désir de sanctions proportionnelles aux manquements des élèves qui les ramèneraient, lorsqu'ils font preuve d'indiscipline ou de refus de travail, à une attitude plus positive. La plupart du temps, les attentes placées dans un rappel à la règle qui suffirait à réinstaurer la juste place des uns et des autres sont illusoires : les sanctions agissent de fait sur les élèves les moins indisciplinés et risquent de faire perdre de vue aux autres les objectifs d'apprentissage s'ils ne travaillent plus que pour échapper à la punition ou à la mauvaise note (Rochex, 1995a). Une ligne de conduite en la matière consiste sans doute dans la capacité à faire la différence entre une autorité uniquement institutionnelle qui viserait à l'humiliation des élèves (Merle, 2005) et une autorité assise sur la compétence à faire travailler les élèves sur des objets qui leur permettent de se construire comme sujets de leurs apprentissages (Rochex, 1995b). Ce n'est évidemment pas facile car les situations d'enseignement sont **à la fois relationnelles et cognitives**. Mais il est possible de développer une manière d'être qui permette d'être à la fois pleinement présent à ce que l'on fait et détaché de soi, de son action et du champ dans lequel elle s'inscrit. Devant la provocation d'un élève en classe, il peut s'agir ainsi de faire preuve d'une « impersonnalité » particulière. Au lieu de réagir immédiatement en fonction de la crainte de perdre la face devant les autres élèves, et de prendre le risque de sortir de la relation éducative, il est souvent préférable de reporter à un autre moment la réponse à donner. Cela permet tout à la fois d'entendre la demande d'aide que comporte souvent la provocation d'un élève et de la traiter sur un mode plus apaisé qui la recentre autour des enjeux scolaires (Davisse, 1995).

2. Renoncer, mais à quoi ?

Ce qu'ils disent

Nora, 31 ans, certifiée de mathématiques : « Parce qu'à l'IUFM tout est beau, hein : le cours se passe de manière fluide, on fait tant d'heures, c'est même minuté au quart d'heure près ! C'est absolument impossible de faire ça ici. Je veux dire, faut pas avoir une langue de bois, c'est clair, c'est pas possible de faire ça. Ici, si on a 20 minutes de vrai cours, on est heureux. Le reste du temps c'est : assieds-toi correctement, jette ton chewing-gum, arrête de parler. »

Luc, 28 ans, professeur des écoles, enseignant de SEGPA* : « Moi, je leur mets des notes, même si je sais qu'elles ne valent pas grand-chose. Parce que, bon, s'ils font des efforts, on rajoute des points ; si c'est propre, on rajoute des points. On ne peut pas les descendre obligatoirement. On sait très bien qu'ils n'auraient pas tout le temps la moyenne. Si on peut mettre 12 au lieu de 8 on va le faire. Enfin, moi, je vais le faire. Je ne sais pas si mes collègues le font. Je pense que certains, oui. »

Nathan, 28 ans, certifié d'éducation physique et sportive : « Jouer au foot pour eux, c'est prendre une balle, dribbler un copain et je fais une passe quand j'ai assez dribblé. Je les ai déjà vus cent fois faire ça et même en match. Une fois j'ai fait foot avec eux, y avait des buts, des maillots. J'ai sifflé le début du match, les gars ils se pointent, ils sont devant le but vide, ils veulent faire une roulette, ils tapent à côté, ils se font engueuler par tout le monde, ils disent : "c'est pas grave, c'est pas ça qui compte". C'est pas de marquer le but, c'est de faire le beau devant le gardien. C'est ça le foot ! »

2.1 Un métier d'interactions

Les jeunes enseignants aux prises avec une réalité scolaire difficile décrivent souvent les multiples renoncements auxquels ils doivent procéder pour préserver un climat favorable à la poursuite du travail en classe. Ces renoncements supposent un travail de délimitation des exigences scolaires réelles, qu'ils ont au début du mal à distinguer de celles auxquelles ils ont eux-mêmes satisfait pour franchir les concours de recrutement. Mais ils peuvent aussi découler d'une sorte de transaction plus ou moins explicite avec les élèves, ceux-ci tendant à imposer, en fonction de leurs propres intérêts, leurs **perspectives** sur la nature des savoirs et des évaluations légitimes. Ce qui a souvent été vécu comme un travail de deuil par rapport aux savoirs universitaires acquis lors de sa propre formation concerne de fait aussi l'identité professionnelle même du jeune enseignant qui fait l'épreuve de situations éducatives plus complexes que ce qu'il imaginait. Comment se fait-il qu'on ne puisse faire se mettre au travail des enfants individuellement adorables et qui se comportent en groupe comme de véritables opposants ? Pourquoi se découvre-t-on du jour au lendemain capable d'agressivité, de faiblesses, d'émotions, d'entrer avec des élèves ou avec une classe dans des rapports de force qui contredisent l'idée qu'on se fait de la relation pédagogique ? Comment peut-on en arriver à cantonner son action à un registre minimal d'intervention, à des pactes de non-agression mutuelle ? Les réponses à ces questions passent vraisemblablement par la prise en compte du caractère co-construit des situations d'enseignement et de ce que, par-delà même la gestion de classe, l'action propre des élèves conditionne aussi leur entrée dans les savoirs ou leur maintien à l'écart.

La dimension collective de l'enseignement n'est souvent pas perçue clairement par les jeunes professeurs : très souvent venus à ce métier pour le plaisir que procure l'activité de transmission d'une discipline qu'ils affectionnent, ils apprécient particulièrement l'autonomie d'organisation qu'elle procure. Or ils se trouvent, qu'ils le veuillent ou non, les représentants d'une société, d'une culture, d'une autorité, devant des élèves qui, eux-mêmes, constituent un groupe dont les dynamiques spécifiques, particulièrement à l'adolescence, les poussent à apprendre dans la résistance et à lutter contre le cadre que l'enseignant a précisément pour tâche de mettre en place (Geer, 1968). Au sein de la classe sont ainsi à l'œuvre deux types d'interaction : l'une, **verticale**, caractérise l'action de socialisation des adultes sur les enfants, qui se révèle dissymétrique, ritualisée, publique et verbalisée, l'autre, **horizontale**, est celle des enfants entre eux. Tout en demeurant sous le contrôle de l'enseignant, ceux-ci s'organisent en effet entre pairs sur le mode privé et de façon intermittente, et connaissent ainsi le plaisir du défi et de la complicité. Or ces deux manières de construire l'activité en classe peuvent donner lieu à des malentendus sur la nature même du travail scolaire. Alors que les enseignants voient, par exemple, dans la participation, une preuve de l'impact de leur enseignement et un moyen privilégié de s'assurer de la compréhension des élèves, ceux-ci ne la considèrent que comme secondaire, seulement porteuse d'un « petit plus » facultatif. En revanche, ils estiment qu'un bon enseignant est celui qui permet, par la clarté de son plan, l'aide à la prise de notes. Or cette question est peu abordée par les professeurs, qui parlent beaucoup de la motivation des élèves ou de la manière d'expliquer, mais reculent souvent devant le travail ingrat et répétitif que représente le contrôle systématique des classeurs. L'accord ne se fait parfois que dans le malentendu, comme lorsque, au reproche de n'être jugés qu'à travers les verdicts scolaires, répond celui de ne travailler que pour les notes (Barrère, 2003).

2.2 Un travail dans plusieurs logiques

On se doute bien qu'il peut y avoir conflit d'intérêts et de perspectives entre enseignants et élèves. Ces tensions sont d'autant plus grandes que chaque acteur tend à nier la souffrance de l'autre : les professeurs sous-estiment souvent l'inquiétude scolaire des élèves alors que ceux-ci ne voient pas que les tentatives de « faire craquer » leurs maîtres pour inverser le rapport de forces épuisent les premiers. On voit généralement moins bien que ces malentendus atteignent aussi les apprentissages. Et ce d'autant plus que, devant les difficultés à réussir et faire réussir, un accord se fait sur l'idée que le travail est la seule valeur incontestable. Invoquée par les enseignants comme clé des succès des élèves ou comme excuse par ceux-ci en cas de non-réussite (« *c'est parce que je n'ai pas assez travaillé* »), la **valeur travail** sert de monnaie d'échange entre les divers partenaires. Mais la quantité de travail consenti ne suffit pas à renseigner sur la qualité, la conformité aux attentes, la pertinence de l'activité intellectuelle. Le possible désajustement entre travail et réussite est lisible dans les figures typiques des « bosseurs » et des « fumistes », des « touristes » et des « forçats ». Si les premiers font bien l'expérience d'une équivalence (le bosseur réussit là où le fumiste échoue), les seconds ébranlent cette certitude : le forçat peut s'épuiser en vain alors que le touriste perçoit des bénéfices scolaires bien supérieurs à son investissement (Barrère, 2003). Malgré les fréquents démentis de l'expérience, la mise au travail est généralement recommandée et récompensée. Est-il en effet envisageable d'évaluer de la même manière les travaux identiques de l'élève qui, manifestement, joue le jeu et consacre beaucoup de temps à l'étude, et ceux du dilettante ? Ces tensions mettent à l'épreuve les enseignants, particulièrement les jeunes, qui découvrent à l'occasion l'imbrication des logiques de justesse et des logiques de justice. Qui découvrent également que les notes « thérapeutiques », si elles participent d'un véritable sentiment d'équité (Merle, 1999, 2005), peuvent aussi conduire les élèves à penser que s'acquitter de la tâche prescrite suffit à entrer dans l'activité intellectuelle attendue (Charlot, Bautier et Rochex, 1992).

Devenir enseignant aujourd'hui n'est pas, contrairement à ce qui pourrait paraître, pénétrer dans un monde plus complexe qu'il ne l'était autrefois : les « hussards noirs » de la République devaient eux aussi faire face à une pluralité de tâches liées aux missions multiples de l'école, avaient eux aussi affaire à un métier nécessairement complexe parce qu'il agit sur l'humain. La différence tient plus vraisemblablement à ce que les outils et les routines cognitives qui permettaient de réduire cette complexité pour agir ont perdu leur légitimité. Tant que la société française est demeurée convaincue que l'école assurait, grâce à son principe civique, l'intégration et l'égalité de tous les enfants, elle a pu admettre que des dimensions comme le bien-être et le bonheur de ces derniers au sein de l'école ne soient que peu prises en compte. Dès qu'il est devenu évident, notamment grâce aux enquêtes sociologiques, que le système scolaire n'assurait que peu la mixité et la mobilité sociales, d'autres principes (l'efficacité de l'éducation, la concurrence entre établissements…) ont émergé et prétendu eux aussi à l'hégémonie (Derouet, 1992).

Or, les jeunes enseignants pensent parfois qu'ils peuvent travailler eux-mêmes dans une seule logique, celle, académique, de leur discipline : il leur suffirait d'assurer la cohérence, la pertinence de leur enseignement et les élèves y adhéreraient. Si tel n'était pas le cas, ce serait à l'administration ou aux conseillers d'éducation d'y pallier. Mais, d'une part, les élèves peuvent aggraver les problèmes en jouant sur une telle division du travail entre adultes et, d'autre part, les jeunes professeurs peuvent se voir rappeler à leurs missions éducatives qui ne comprennent pas que les tâches d'enseignement. Si ceux-ci, à l'inverse, voulaient assumer seuls les problèmes d'indiscipline et de décrochage qui peuvent déborder largement du cadre de leur propre classe, ils courraient le risque de s'épuiser dans la tentative de faire tenir l'ordre scolaire sur leurs seules épaules et dans l'unique logique de la coercition. Il importe alors d'apprendre **à agir dans plusieurs mondes** si l'on veut, aujourd'hui, peser sur les situations. Les lois de décentralisation, la déconcentration* (van Zanten, 2004) ont en effet accompagné et accéléré une montée en puissance de l'établissement : au sein de celui-ci se développent des réseaux, des politiques qui ne sont pas l'exacte duplication de directives et prescriptions de l'État central et qui impliquent chez les différents acteurs de l'école le développement de compétences d'interprétation et d'action.

2.3 Une souffrance professionnelle

Les contraintes qu'exercent les élèves sur la situation d'enseignement appellent à renoncer à une vision simpliste qui réduirait le métier d'enseignant à l'action de faire cours devant un auditoire acquis à l'avance. Mais la nécessité d'adopter une posture professionnelle sensiblement différente de celle de l'étudiant qu'on était il y a peu implique des remaniements identitaires qui peuvent engendrer de la souffrance. De là ce qu'on appelle parfois **une phase d'adolescence professionnelle** au cours de laquelle les stagiaires expriment, à travers une appréhension paradoxale du terrain (tantôt considéré comme la source de leurs difficultés, tantôt comme l'alternative à une formation trop « théorique »), des résistances à une mutation vécue comme trop violente. Il ne s'agit pas tant d'une faiblesse personnelle que d'une souffrance professionnelle inhérente à la construction et au maintien du fil didactique dont les professionnels de l'éducation ont la charge dans un contexte de crise du lien social et de crise de la société (Blanchard-Laville, 2001). Les agressions dont les enseignants se sentent victimes mettent en jeu leur propre rapport au savoir et ravivent des fragilités internes. Le paradoxe est que les enseignants font l'objet d'attaques de la part d'élèves qui, ont, pour certains, de plus en plus peur d'apprendre. Selon l'approche clinique d'inspiration psychanalytique, il n'est ni facile ni souhaitable d'occulter les deux clivages entre, d'une part le soi et le soi professionnel et, d'autre part, l'image renvoyée de soi par les élèves et celle qu'on a de soi. L'énergie psychique consacrée à cela serait beaucoup trop importante et susciterait une usure prématurée génératrice d'abandons. Mieux vaut une prise en charge collective de son élaboration qu'une dénégation de cette souffrance (Blanchard-Laville, *op. cit.*). Moyen sans doute d'aider le soi personnel et le soi professionnel à conserver leurs prérogatives et leurs collaborations.

L'accueil de l'hétérogénéité des élèves est d'autant plus difficile que le modèle scolaire français est historiquement porteur d'une vision de l'intégration des sujets qui passe par leur adhésion à des valeurs universelles. La rationalité qu'il diffuse doit l'emporter sur l'émotion, les idéaux universels sur les particularismes nationaux et religieux. De fait, ces idéaux universels étaient fortement teintés d'intérêts beaucoup plus particuliers, dont les aspects socialement conservateurs, coloniaux ou phallocentriques ont été largement mis en évidence (Dubet et Martucelli, 1994). L'entrée dans les espaces anciennement réservés aux enfants des catégories sociales supérieures d'élèves porteurs de valeurs et de comportements en déphasage avec ceux de l'imaginaire républicain met aujourd'hui à l'épreuve le système scolaire, mais aussi la subjectivité des enseignants qui ont à le faire vivre au quotidien. Alors que le pédagogue ne devait s'adresser qu'à la part adulte qui sommeille dans l'enfant, les maîtres ont aujourd'hui à aider des enfants à devenir des élèves. Ils doivent faire avec une expression de la subjectivité des élèves d'autant plus exacerbée qu'ils se retrouvent eux-mêmes dans un univers éloigné de leurs propres repères identitaires. Or le modèle républicain, précisément construit sur la volonté d'éliminer la subjectivité et, de façon générale, l'altérité, ne propose guère de solutions. Très pertinent pour organiser des systèmes où les individus suffisamment insérés trouvaient à se reconnaître et à être reconnus, il l'est beaucoup moins dans des situations incertaines et instables.

Certes, les jeunes enseignants n'ont pas connu ce moment d'équilibre relatif entre les publics scolarisés, les objectifs, les programmes et les méthodes éducatives. Mais le modèle universaliste reste prégnant et n'aide pas à nommer toutes les altérations dont il a fait progressivement l'objet. La **figure de l'autre** (Giust-Desprairies, 2003) pose un réel problème à ces professionnels, tentés par le désir de se débarrasser du conflit interne suscité par le décalage entre le modèle et la réalité en éliminant de l'école un certain nombre d'élèves. Il est en effet psychiquement plus confortable de ne s'attribuer que la responsabilité de l'application des programmes, d'imputer l'échec ou la réussite des élèves au système scolaire, aux évolutions de la société, à l'influence des familles et à l'identité des élèves eux-mêmes, plutôt qu'à ses propres difficultés à faire tenir dans la classe toutes les logiques désajustées de l'école. Les stéréotypes abondent alors, qui baptisent « violences » tous les écarts des élèves à la norme, qui ne voient dans leur altérité qu'un déficit par rapport à des normes incontestables : *« les élèves s'en foutent, rien ne les intéresse »*, *« ils pensent qu'on ne sert à rien »*.

Le rapport au savoir

Le succès de cette notion tient à ce qu'elle permet de prendre en compte l'implication des sujets dans des apprentissages perçus comme des activités plus complexes que naguère. Deux courants principaux de recherche l'utilisent[1]. Le premier est clinique et voit dans le rapport au savoir « *une représentation du sujet qui exprimera un vécu conscient ou non, plus que la production, la circulation ou la réalité cognitive et sociale du savoir* »[2]. Le second, plus sociologique, le comprend comme « *le rapport au monde, à l'autre et à soi-même d'un sujet confronté à la nécessité d'apprendre* »[3].

La première approche permet par exemple de lire dans l'envoi au tableau d'une élève de 5e le croisement de scénarios du professeur et de deux élèves[4]. Charles, d'ordinaire mobilisé comme auxiliaire de l'enseignant de mathématiques dans les cas difficiles, ne sait pas résoudre un problème et suscite la colère contenue de l'enseignant. Mélanie, habituellement plus résistante aux savoirs, contourne la possible humiliation que constitue son envoi au tableau par un « *je ne comprends pas* » qui met l'enseignant dans l'embarras. L'analyse déplie subtilement les chassés-croisés des différentes

1. Le Centre de Recherche en Éducation et Formation de Paris X-Nanterre et l'Équipe Éducation et Scolarisation de Paris VIII-Saint-Denis.
2. J. Beillerot (1989), « Le rapport au savoir : une notion en formation », *in* J. Beillerot. *et al.*, *Savoir et rapport au savoir - Élaborations théoriques et cliniques*, Bégédis, Éditions Universitaires, p. 176.
3. B. Charlot (1997), *Du rapport au savoir. Éléments pour une théorie*, Paris, Anthropos.
4. C. Blanchard-Laville (éd.) (2003), *Une séance de cours ordinaire : « Mélanie, tiens passe au tableau… »*, Paris, L'Harmattan.

positions qui tissent la complexité des phénomènes d'enseignement-apprentissage.

La seconde, en faisant établir par les élèves des bilans de savoir[1], montre notamment que la construction du savoir ne se fait pas par acquisition pure et simple, mais par différenciation : on ne va généralement pas à l'école pour y apprendre en continuité avec les modes d'apprentissage familiaux, et trois issues sont possibles : une rupture sans continuité, au sens où les apprentissages scolaires entrent en concurrence avec ceux de la vie ; une continuité peut être sans rupture lorsque, rivé à une logique de survie, on fréquente l'école pour avoir, plus tard, un (bon) métier ; une logique d'« intersignification » qui concerne surtout les jeunes issus des classes moyennes à qui elle permet de tirer profit des tensions engendrées par le passage à l'univers scolaire pour apprendre à la fois « la vie » et « à l'école ».

2.4 Le fantasme de la maîtrise

De façon paradoxale, une action efficace sur le réel de la classe passe sans doute aujourd'hui par une certaine prise de distance. La nécessité d'agir dans l'urgence et de décider dans l'incertitude oblige en effet à renoncer à la « comédie de la maîtrise » (Perrenoud, 1998) qui fait s'abriter derrière les savoirs pour nier les autres dimensions de l'enseignement. Celui-ci, quoique très encadré par les programmes et les règlements, est en même temps soumis aux aléas d'interactions avec les élèves porteuses d'intentions et d'événements qui rejaillissent sur l'activité elle-même. L'enseignant est devenu un « jongleur professionnel » (Tardif et Lessard, 1999) dans un métier qui, comme beaucoup d'autres, requiert aujourd'hui une polyactivité. Mais on aurait sans doute tort de ne voir dans cette évolution qu'une dégradation du métier. Un point de vue totalement opposé peut même être développé, car si les conditions antérieures d'enseignement permettaient un confort psychologique plus grand, elles supposaient aussi, de la part des enseignants, une observation des règles prescrites, des tâches d'exécution qui minimisaient la part d'inventivité et de responsabilité désormais requise.

---

1. B. Charlot, E. Bautier, J.-Y. Rochex (1992), *École et savoir dans les banlieues... et ailleurs*, Paris, Armand Colin.

D'une certaine manière, l'affaiblissement du programme institutionnel met l'enseignant au centre de l'activité dans la classe, où il doit traiter des événements multiples et simultanés qui sont visibles de tous, comportent de l'imprévisibilité, se déroulent selon une certaine immédiateté et rapidité, tout en étant lourds de conséquences sur l'ensemble de l'année scolaire. Les conditions de l'action enseignante font qu'il est aujourd'hui impossible de procéder à de simples transferts ou mises en œuvre de savoirs préexistants, mais qu'il est nécessaire de construire des savoirs nouveaux, des **savoirs pour l'action** (Perrenoud, 2001) qui résultent d'un métissage opéré en situation entre trois types de savoirs : les savoirs savants, issus de la recherche et assimilés notamment par la lecture ; les savoirs experts, qui circulent dans le monde des enseignants et forment leur base de connaissances ; les savoirs fondés sur l'expérience personnelle, peu formalisés, mais puissants parce qu'enracinés dans des schémas d'action et des enjeux pragmatiques. Les connaissances dites procédurales, applications strictes de routines, paraissent aujourd'hui insuffisantes et doivent composer avec des compétences qui consistent moins dans la détention de ressources précises que dans la capacité à les mobiliser de façon pertinente. Cette version différente de la maîtrise dessine les contours de ce qu'on nomme aujourd'hui la professionnalisation de l'enseignement, dont les théoriciens ne cessent d'attirer l'attention sur l'écart qui subsiste, dans tous les métiers, entre la théorie et l'action et qui, en éducation peut-être plus qu'ailleurs, rend nécessaire une pratique réflexive (Perrenoud, 1996).

2.5 Faire cours et faire apprendre

Lorsqu'ils étaient eux-mêmes étudiants, les enseignants ne se posaient que peu la question de la transmission des connaissances, habitués qu'ils étaient à effectuer devant des universitaires des prestations sur un sujet donné évaluées en fonction de leur pertinence et de leur cohérence. Il en va différemment dans les situations où l'enseignement ne s'apparente que partiellement à ces exercices académiques. Car la question de fond n'est pas tant de faire cours que d'expliquer : on explique toujours à quelqu'un alors que le cours peut ne s'adresser à personne (Charlot, 1999). Les élèves ne manquent pas de catégoriser leurs professeurs : certains expliquent, d'autres se contentent d'écrire au tableau, certains parlent et parlent sans qu'on ose les interrompre, d'autres prennent le temps d'étayer les apprentissages, sont aux côtés de l'élève à qui ils communiquent la confiance dans sa réussite. La volonté de faire cours à tout prix peut d'ailleurs assez facilement se retourner en son contraire. Car pour avoir la paix nécessaire à la transmission et aux apprentissages, il est tentant de mettre en place, inconsciemment ou consciemment, des stratégies de fraternisation avec les élèves, fondées sur la proximité d'âge et des goûts et sur un refus de la discipline « bête et méchante ».

D'autant que, dans les zones difficiles, les enseignants cherchent à développer collectivement, dans une sorte de resocialisation professionnelle, des pratiques spécifiques en matière d'enseignement et de maintien de l'ordre (van Zanten, 2001). Ils peuvent, dans les établissements fragilisés par les incivilités d'élèves ayant perdu le sens de l'institution scolaire, abandonner des parties entières du programme, procéder à des simplifications, valoriser plus les qualités relationnelles d'élèves que leurs qualités intellectuelles. Ils constatent néanmoins le plus souvent que le fait d'être considérés comme des égaux par les élèves ne permet pas aisément de fonder une relation de respect, ni de créer un climat favorable aux apprentissages, et s'engagent vis-à-vis d'eux-mêmes à être plus autoritaires l'année suivante. La tâche des enseignants de banlieue n'est pas aisée car c'est la nature même des situations éducatives et des compétences nécessaires pour les mettre en place qui fait problème. Les enseignants peuvent y être sollicités aux limites, voire au-delà de leurs compétences professionnelles et institutionnelles, pour des actions qui, si elles participent à la socialisation des adolescents, peuvent laisser partiellement de côté la question de leurs apprentissages. Le risque est alors assez grand que faire l'école autrement ne devienne faire autre chose que l'école. Car si une plus grande autonomie des établissements favorise les nécessaires ajustements liés aux changements des publics scolaires, la possibilité d'une mise en place de **curriculums* locaux**, décrochés des exigences générales, se profile : on peut décider de supprimer des chapitres jugés trop difficiles ou trop abstraits ou éloignés du monde des élèves, mettre les élèves dans des activités destinées à construire des savoirs sans avoir la possibilité d'établir un lien entre l'activité visée et le savoir proposé. Les objectifs de préservation du collectif d'enseignants peuvent prendre le pas sur la facilitation de l'accès aux savoirs et le renoncement à une norme scolaire, de fait peu accessible à certains élèves, peut se payer du renoncement définitif à leur donner ce à quoi ils ont droit (Dutercq, 2004). Il faut donc se saisir de cette épineuse dialectique entre la généralité des savoirs visés et la particularité des apprentissages qui y conduisent.

2.6 Accompagner les apprentissages

Pour accompagner les apprentissages des élèves que les jeunes enseignants ont en charge, souvent dans des milieux difficiles, il importe de connaître leurs manières intellectuelles de faire. Une de leurs caractéristiques est que ces élèves ne possèdent pas les **savoirs invisibles** propres aux apprentissages scolaires. L'école ne les enseigne que rarement et ils doivent souvent les découvrir et les construire seuls, tandis que les enfants favorisés ont pu le faire dans leur environnement familial. Ils tendent ainsi à privilégier une visée de réussite immédiate sur une visée de compréhension à long terme (Kherroubi et Rochex, 2002, 2004). Les notes sont plus pour eux la sanction d'une présence et de l'accomplissement de tâches que le résultat d'un travail et d'un effort intellectuels. Ce sont de véritables **malentendus sociocognitifs** (Bautier et Rochex, 1997) qui se tissent entre eux et l'école. Les enseignants peuvent par exemple, par souci de susciter leur motivation, en donnant du sens à leurs apprentissages, conforter ces élèves dans une logique d'acquittement de la tâche au détriment d'une logique de l'activité intellectuelle. S'il est important de leur proposer des situations variées, le choix d'un contexte proche pour faciliter la prise en charge du problème et montrer l'utilité des mathématiques dans la vie courante n'est pas nécessairement bon, car les élèves peuvent alors se situer dans un autre domaine de rationalité que celui des mathématiques. De la même manière, les faire parler du carnaval vu lors de la sortie scolaire peut ne faire évoquer que des émotions éprouvées dans la rue, partir de l'expérience de la piscine pour initier au cycle de l'eau peut ne susciter que des souvenirs relatifs au goût de l'eau de javel (Bautier, 2006). **Les sous-ajustements didactiques** peuvent proposer des tâches ou des situations trop ouvertes, trop floues ou trop larges qui laissent libre cours aux savoirs invisibles. Les **surajustements** peuvent en revanche proposer des tâches morcelées, simplifiées à l'excès, ne faisant travailler que les bons élèves, voire l'enseignant seul (Bautier et Goigoux, 2004).

Loin d'un renoncement à l'essentiel, l'entrée dans le métier d'enseignant consiste à garder la richesse des situations proposées pendant les années de formation tout en les adaptant à ces élèves. Effectuer pour eux des rappels nombreux et réguliers soutient leur engagement car, plus que d'autres, ils manquent de confiance dans leurs capacités et d'assurance dans les compétences déjà acquises. S'appuyer sur leurs pratiques culturelles paraît une excellente chose à condition de savoir faire le pont entre la culture de masse qui les sous-tend et celle, plus élaborée, qui est la norme à l'école (Tupin, 2004). L'adaptation des conditions d'apprentissage aux caractéristiques des élèves peut nécessiter la création de milieux spécifiques, comme dans l'enseignement du français à des élèves primo-arrivants. À la différence du natif qui l'aborde avec une certaine aisance, ceux-ci ont besoin de supports iconiques ou audiovisuels pour comprendre le sens d'un poème et se l'approprier. Il est possible de leur proposer des images qui comblent des lacunes linguistiques, d'introduire la voix d'un récitant professionnel qui introduit de la fascination devant un dire qui n'est pas un simple lire (Davin-Chnane et Faïta, 2003). Il paraît important aussi de donner à l'erreur des élèves un statut qui évite le blocage. La proposition d'écrits intermédiaires comme les brouillons, les affiches, les écrits de travail, les notes, les schémas, les cahiers d'expérimentation (Alcorta, 1998 ; Bucheton et Chabanne 2001), ménage des progressions et des évaluations qui portent plus sur le travail des élèves, leurs déplacements cognitifs et subjectifs, que sur l'écart à la norme. L'annotation régulière de ces écrits où les remarques visent autant les manques que les points qui méritent d'être développés participe d'une réception bienveillante qui fait qu'avoir du rouge sur sa copie n'est plus seulement la marque de défaillances.

5

Travailler avec d'autres

1. Le sentiment de faire un métier solitaire

> **Ce qu'ils disent**
>
> **Amandine**, 24 ans, agrégée de lettres : « L'intimité de la salle de classe peut-être source de grands bonheurs, très valorisants, mais par contre dans les moments difficiles il m'arrive de me sentir comme abandonnée. Par ailleurs je ne souhaite pas avoir de témoins dans ces moments-là. C'est un peu la quadrature du cercle ! »
>
> **Maroussia**, 23 ans, certifiée de mathématiques : « Sur les 6 heures d'IUFM dans la journée, s'il y a une heure qui est super, c'est quand on arrive un peu en avance et qu'on discute avec tout le monde et l'heure du repas. Parce que là, on parle de nos pratiques. Cela peut être défoulatoire, mais on partage. »
>
> **Nicolas**, 26 ans, certifié de sciences physiques : « Donner du temps aux élèves en dehors de la classe, beaucoup de collègues sont prêts à le faire. Le donner dans un cadre imposé, avec réunions et palabres à la clef, c'est une autre affaire. »

1.1 Soi et les autres

Les modalités de la formation initiale des enseignants du second degré leur font ressentir d'emblée et très fortement la double dimension du métier, **solidaire et solitaire** : des séances de formation, avec regroupements entre pairs, des entretiens et des séances de travail avec le tuteur dans l'établissement, et dès la première heure de cours l'enseignant seul face à un groupe d'élèves, entre les quatre murs de la salle de classe. À de rares exceptions près, la préparation du cours a aussi été solitaire, même si elle s'est appuyée sur des recherches et discussions qui peuvent être collectives, et la correction des copies n'est un exercice collectif que pendant les séances de formation à cet effet.

Tous les conseils, toutes les discussions sur ce qui va se passer ou sur ce qui s'est passé pendant cette heure de cours sont toujours en décalage et à distance. Quels que soient les efforts des formateurs pour mettre en place des dispositifs de formation qui collent aux situations vécues par les stagiaires, ils ne combleront pas ce vide ressenti parfois douloureusement, surtout au début, quand l'expérience n'est pas suffisante pour anticiper sur ce qui pourrait arriver. Et il est logique qu'il en soit ainsi, car sinon on ne serait pas dans l'apprentissage d'un métier dont l'autonomie et la forte responsabilisation sont l'apanage. Même si ce ne sont pas uniquement des considérations pédagogiques qui ont présidé aux choix d'organisation de la formation initiale en alternance, la responsabilisation des jeunes enseignants du second degré dès l'année de stage est vécue comme un élément éminemment formateur[1]. Les professeurs stagiaires, tout en reconnaissant que cet **apprentissage de la responsabilité** est une épreuve, estiment qu'il faut en faire l'expérience dès la formation. Mais dans le même temps ils aimeraient que la formation permette d'éviter l'épreuve. Ils ont du mal à accepter que le rôle de cette formation qui leur est imposée ne soit pas de supprimer l'épreuve, mais seulement de l'accompagner, en aidant à en comprendre l'enjeu, en permettant de saisir en quoi consistent l'autonomie et la liberté de l'enseignant et en s'efforçant de donner les moyens de l'exercer au mieux.

1.2 Une autonomie bien comprise

La forme scolaire, cellulaire, fait que les enseignants, tout en étant fonctionnaires, « disposent d'une autonomie non négligeable, alors que par

1. « Le métier d'enseignant dans les collèges et lycées au début des années 2000 », ministère de la Jeunesse, de l'Éducation nationale et de la Recherche. Direction de l'évaluation et de la prospective (2003). « Les enseignants des lycées et collèges et la formation », note d'information 06-26, ministère de l'Éducation nationale, de l'Enseignement supérieur et de la Recherche, Direction de l'Évaluation, de la Prospective et de la Performance (DEPP) (2006).

ailleurs, ils sont confrontés, souvent seuls, à une forte incertitude des situations » (Maroy, 2006, p. 131). Cette **incertitude des situations**, ressentie comme angoissante, tout particulièrement par les débutants, est inhérente au métier. Aucune classe ne se ressemble, aucune heure ne ressemble à une autre. Réactivité, créativité et inventivité sont là essentielles. Ces termes sont souvent soulignés dans les rapports d'inspection, en positif comme en creux.

La **marge de liberté et d'initiative** de l'enseignant réside dans l'appréciation du contexte, dans cet exercice particulièrement difficile qui consiste à respecter les codes de la discipline, les programmes, tout en les adaptant pour les rendre accessibles aux élèves et mettre ces derniers en situation d'apprentissage. Il s'agit d'un « bricolage » (Perrenoud, 1994) qui ne prend jamais fin et qui fait aussi tout l'intérêt du métier. Ce travail d'ajustement et de préparation est majoritairement un travail solitaire. Même si des documents sont mis à disposition, échangés, copiés, ce travail n'est efficace que, si dans une phase ultime, l'enseignant se les approprie et les transforme. Il s'agit d'ailleurs d'un apprentissage essentiel pour les débutants, qui ont du mal à en saisir l'enjeu. Des difficultés identifiées par eux comme relevant de la gestion de la classe trouvent en fait leur origine dans une préparation de cours inadéquate, trop standardisée, qui n'a pas bénéficié d'une analyse poussée de la spécificité de la situation.

Toutes les enquêtes menées auprès des enseignants montrent qu'une des motivations pour exercer ce métier est justement cette grande autonomie, tant sur le plan pédagogique qu'organisationnel : « les prescriptions institutionnelles ne sont pas léonines et le contrôle est relativement lâche ; on est libre d'organiser son temps de travail en dehors de la classe » (Obin, 2002, p. 18).

Cette autonomie est souvent source de débats et de malentendus. Devant la difficulté d'enseigner et **l'hétérogénéité des contextes et des publics**, il arrive que les enseignants, notamment les débutants, réclament des règles de conduite plus précises et critiquent le flou des prescriptions, qui permet pourtant cette marge d'initiative et d'autonomie indispensable à la création d'outils au service des apprentissages des élèves. Ces demandes sont à interpréter comme des signes de malaise, des appels à l'aide, et montrent bien qu'un travail d'explicitation est nécessaire et que des pistes sont à trouver vers plus d'entraide et de travail collectif dans la classe et hors la classe, non encore prescrites et inscrites dans les statuts, juste recommandées par les textes, et qui viennent se heurter à la représentation traditionnelle de l'autonomie de l'enseignant[1].

Cette autonomie, souvent chèrement payée, peut permettre de se protéger du regard des autres, du partage qui peut être ressenti comme un contrôle. La porte de la classe ne s'ouvre pas facilement, au propre comme au figuré. Les enseignants privilégient les échanges de pratiques sur le mode informel, et ce dès la formation initiale. Les regroupements en formation, qui pourraient être des moments privilégiés d'échanges de pratiques, ne sont pas toujours investis à cet effet, contrairement aux moments de pause qui sont l'équivalent des récréations en salle des professeurs où on parle des élèves et du travail, en laissant une place importante aux affects, sans pour autant se découvrir totalement. L'échange sur ce qui se passe dans la classe est ressenti comme devant être laissé à l'initiative de l'enseignant et vécu comme un domaine privé. En faire un acte professionnel n'est pas entré dans les mœurs : « le plus souvent les enseignants semblent s'arranger de cette carence des échanges professionnels, dans une attitude protectrice, voire défensive, comme si s'y engager était davantage un risque qu'un apport pour faire son métier » (Prot et Roger, 2005, p. 24).

En même temps, les jeunes enseignants qui débutent dans des conditions plus difficiles que leurs aînés ressentent bien qu'il y a un **déficit de socialisation professionnelle** dans les établissements et que ce superbe isolement peut être un piège qui se referme sur eux (Périer, *op. cit.* ; Prot et Roger, *op. cit.*). « *Quand je demande aux collègues si tel élève ou tel autre leur pose problème, ils répondent : "Avec moi il est impeccable". Je ne leur demande pas de détails.* » Les réponses sur le terrain, quand elles existent, demeurent informelles et sur le mode affinitaire. Les enseignants choisissent les collègues à qui ils demanderont conseil ou avec lesquels ils mettront en place des projets susceptibles

1. Le cahier des charges de la formation des maîtres de décembre 2006 met en avant la nécessité d'acquérir dès la formation initiale, et de développer par la suite, les compétences permettant de travailler en équipe pluridisciplinaire.

d'apporter des solutions aux difficultés rencontrées par les élèves et les enseignants (Barrère, 2002 ; Rayou et van Zanten, 2004).

Quand l'institution prend l'initiative de mettre en place des dispositifs plus formalisés d'accueil des nouveaux enseignants, elle se heurte à des résistances, aussi bien du côté des débutants que du côté des collègues plus expérimentés. Cette résistance à l'organisation de tels dispositifs n'est pas la manifestation d'un manque de solidarité, mais peut être interprétée comme un respect exacerbé de l'autonomie de l'enseignant, ou comme une confusion entre autonomie et liberté qui, en cas de difficultés, paraît déplacée, voire dangereuse.

Certains collègues peuvent rencontrer des difficultés qui, si elles perdurent et ne sont pas régulées par la communauté, peuvent dégénérer, les mettre en danger et avoir des répercussions sur le fonctionnement global d'une classe, voire d'un établissement. Dans les établissements sensibles la conscience de la nécessité d'une mobilisation collective est nettement plus marquée. Elle se traduit par des réseaux d'entraide et relationnels forts, notamment entre jeunes enseignants : accueil d'élèves qui posent problème dans les classes des uns et des autres, cours portes ouvertes (van Zanten, Grospiron, Kherroubi et Robert, 2002). Cela n'aboutit pas obligatoirement à une organisation plus collective du travail.

1.3 Des individus, un collectif

Même si ces dernières années les prescriptions institutionnelles sur le travail des enseignants dans l'établissement en dehors de la salle de classe sont devenues plus contraignantes, la majorité des établissements vit encore fortement tiraillée entre le fonctionnement cellulaire et cloisonné de l'enseignement disciplinaire et des tentatives d'organisation du travail collectif des enseignants. Les prescriptions de départ font là aussi l'objet d'interprétations et de redéfinitions selon les projets implicites et explicites, les collectifs, les situations locales (Amigues, 2003 ; Kherroubi, 2003). Les enseignants privilégient dans ce domaine le mode affinitaire. Ils entendent choisir les collègues avec lesquels ils travailleront sur des projets ou des dispositifs spécifiques. La constitution d'équipes imposées par le chef d'établissement est vécue comme une restriction de leur liberté pédagogique. Les enquêtes montrent à la fois que les enseignants considèrent ce type d'actions comme bénéfique pour les élèves, mais que l'obstacle mis en avant est le temps qui y est consacré et qui vient en plus de la préparation de cours et de la correction de copies.

Or, ces modalités de travail collectives (projets disciplinaires, interdisciplinaires, organisation de sorties, de voyages, ateliers transversaux, culturels, dispositifs d'aide...) sont des vecteurs importants de professionnalisation et de socialisation (Kherroubi, *op. cit.* ; Rayou et van Zanten, *op. cit.*). On y apprend en construisant en commun, en observant les autres, on est amené à réguler ses propres pratiques à la lumière de celles des autres. L'impact sur ses propres modes de préparation, d'organisation, d'évaluation, sur la façon d'aborder les élèves et le métier est important. On y développe des compétences qui n'ont pas fait l'objet de la formation initiale, notamment universitaire : animation de réunions, coordination d'équipes, formalisation de projets, relations avec les familles et les partenaires de l'école, positionnement vis-à-vis des différentes instances.

L'organisation essentiellement disciplinaire de l'enseignement du second degré fait que cet **apprentissage des modes collectifs de travail** n'est pas premier, qu'il n'est pas explicitement prescrit. L'accompagnement des professeurs stagiaires est disciplinaire. Le choix du tuteur relève de l'inspection de la discipline. L'évaluation en fin d'année de stage et tout au long de la carrière est circonscrite à ce qu'on peut observer dans la classe, même si le référentiel de formation sur les missions du professeur évoque ces autres facettes du métier et même si ces questions font l'objet de modules de formation. On délègue cette modalité d'apprentissage, dont on sait pourtant qu'elle est essentielle, aux établissements, mais là encore de manière floue (Kherroubi, *op. cit.*). De ce fait, elle est très différente selon les établissements, leur pilotage, les conditions d'exercice et les collectifs en place. Les entretiens et les observations sur le terrain montrent bien que les expériences des débutants dans ce domaine sont très diverses, qu'elles sont plus riches dans les collèges REP-ZEP* et là où « la régulation des rapports avec les publics scolaires se pose avec une acuité particulière » (Périer, 2003, p. 46). On sait par ailleurs que la façon dont un jeune enseignant est accompagné, soutenu sur le terrain et associé à des projets joue un rôle essentiel dans sa réussite auprès des élèves et dans l'appréciation qu'il porte sur la difficulté d'enseigner.

2. Un sentiment d'abandon de la part des générations précédentes

Ce qu'ils disent

Antoine, 25 ans, certifié de mathématiques : « Je suis arrivé ici sans l'avoir demandé. Je ne m'étais pas imaginé que dès la première année on puisse me nommer à la fois professeur principal en classe de sixième et coordonnateur de ma discipline. En maths, dans l'établissement, nous sommes tous nouveaux titulaires. En sixième tous les profs principaux assurent l'aide aux élèves en difficulté, c'est dans le projet d'établissement. »

Aline, 26 ans, certifiée d'histoire-géographie : « Qu'on soit tous nouveaux crée obligatoirement des liens. On parle de nos galères communes : recherche de logement, transports, relations avec les élèves ; on échange des trucs pour que ça fonctionne mieux. Du coup il y a comme deux clans : les installés et nous. »

Natacha, 26 ans, certifiée de lettres modernes : « Dans mon établissement il y a une équipe de collègues plus anciens qui savent y faire avec les élèves, les parents et la direction. Ils sont prêts à nous aider si on s'y met. Ils m'ont proposé de m'emmener en voyage scolaire avec une classe très dure. J'ai longtemps hésité. Je ne suis pas sûre que j'arriverai à organiser la même chose, mais cela a changé mes rapports avec eux et avec les élèves. »

2.1 Soi et les anciens collègues

Même si actuellement, vu la médiatisation autour de cette question, il semble impossible d'envisager d'être enseignant en pensant pouvoir « échapper » à certaines régions et certains établissements, on rencontre encore de nombreux débutants qui n'y sont pas préparés, même si la question a été traitée en formation initiale, et qui ressentent cette situation comme une injustice profonde. Ce sont plus de 60 % des stagiaires IUFM qui démarrent leur carrière sur les postes les plus difficiles (Obin, *op. cit.*). Ils ont du mal à accepter de prendre la relève des anciens qui, après quelques années, partent vers des quartiers plus sereins et des établissements plus faciles.

L'argument de ces derniers étant qu'ils ont fait, eux aussi, leurs armes dans ces établissements, qu'il n'est pas illégitime de vouloir avoir d'autres expériences et que du sang neuf, formé autrement, peut aussi être bénéfique aux élèves et à la dynamique des établissements.

Tous ceux qui ont été sollicités ces dernières années pour trouver des solutions à ce problème se sont heurtés aux impératifs du mouvement national et à cette impossibilité de contraindre un collègue expérimenté à ne pas faire valoir ses droits à la mutation. Des encouragements d'ordre financier ont été envisagés, puis abandonnés : la motivation financière pourrait même avoir des effets pervers et attirer des candidats sur ces postes difficiles qui ne seraient pas obligatoirement les plus experts et les plus innovants. Or, les élèves les plus en difficulté ont besoin d'être encadrés par des enseignants très compétents. Depuis la rentrée 2006 un nouveau dispositif de professeurs référents est en place dans les collèges « Ambition Réussite* ». Ces enseignants sont déchargés de quelques heures d'enseignement pour des activités spécifiques d'encadrement d'élèves en difficulté ou de jeunes collègues.

Certaines dispositions adoptées depuis 2001 ont juste permis une compensation en termes de points pour les jeunes enseignants et la possibilité pour eux d'obtenir plus facilement les académies et les postes de leur choix après le passage par ces contrées et ces établissements non voulus. L'institution s'est aussi engagée à les accompagner dans leurs premières années de titulaires. Toutes ces dispositions ne sont pas stabilisées, elles sont différentes selon les académies et ne donnent pas entière satisfaction aux intéressés. Ce qui renforce l'impression d'arbitraire et n'aide pas à la compréhension et à l'appropriation des contraintes institutionnelles. Elles n'ont pas eu l'effet escompté, qui était la stabilisation des équipes arrivant en zones difficiles[1].

De nombreux débutants, dans cette situation, ne songent pas à poser leurs valises et à vraiment s'installer, ce que les élèves ne manquent pas de

1. Le cahier des charges de décembre 2006 prévoit d'instaurer un continuum entre l'année de formation et les deux premières années de titulaire, et de stabiliser ainsi les débutants dans une même académie, voire un même établissement. Cette idée, inattaquable sur le plan des principes, s'avère très difficile à réaliser. Elle nécessite une refonte des textes qui régissent les mutations.

remarquer, en l'interprétant comme une sorte de rejet. Cela peut avoir des effets regrettables sur leur mise au travail et leur rapport à l'école (Debarbieux, 2006). On peut distinguer trois grandes catégories de débutants dans ce type d'établissements :

– ceux qui ont fait leurs études et été formés dans ces académies et qui ont décidé d'y travailler ;

– ceux qui n'ont pas choisi de venir, mais qui s'y installent durablement au gré des rencontres professionnelles et personnelles ;

– ceux qui ne font que passer.

Pour les deux derniers cas de figure, l'établissement et ce qui s'y passe, le collectif vont jouer un rôle essentiel (Kherroubi, Robert et van Zanten, *op. cit.*).

Les jeunes enseignants et la collégialité

Pour les auteurs de l'enquête[1], les jeunes professeurs, eux-mêmes élèves et étudiants dans un système scolaire largement massifié, formés pour la plupart dans les IUFM, abordent la classe avec **plus de pragmatisme** que leurs prédécesseurs, ce qui les met moins en contradiction avec des théories ou des principes qu'ils s'avéreraient incapables d'appliquer dans leur pratique. Prêts à s'adapter aux élèves, à s'ajuster aux situations et à évoluer en fonction des contextes d'enseignement, ils sont en effet acquis à l'idée d'une plus grande flexibilité professionnelle.

Moins individualistes que leurs aînés, ils sont plus portés à demander conseil à leurs collègues en cas de doute ou de difficulté, plus prêts à harmoniser leurs pratiques avec celles des autres, y compris avec les personnels non enseignants dans le domaine de la discipline, plus ouverts aussi à des collaborations intra- ou interdisciplinaires en matière d'enseignement.

Les nouveaux enseignants attendent aussi plus que leurs prédécesseurs que les personnels de direction impulsent des projets, soudent des équipes et construisent une cohérence normative à l'intérieur de leurs établissements. Ils ne sont pourtant pas prêts à accepter que ceux-ci, qui n'ont ni leur

1. P. Rayou, A. van Zanten (2004), *Enquête sur les nouveaux enseignants. Changeront-ils l'école ?* Paris, Bayard.

compétence disciplinaire, ni leur perspective relationnelle, évaluent leur action au quotidien avec les élèves et puissent ainsi participer à la régulation de leurs pratiques.

Mais l'établissement n'est pas le seul espace possible de régulation, et ce d'autant moins que les professeurs sont une catégorie professionnelle assez mobile sur le plan géographique, leur carrière se construisant davantage par des changements successifs de lieu d'exercice que par l'élévation vers des positions supérieures en termes de salaire, de prestige ou de pouvoir. De ce point de vue, les nouveaux professeurs restent proches de leurs prédécesseurs. Ils se distinguent cependant par un désir plus grand de disposer de perspectives professionnelles ouvertes, de pouvoir **expérimenter** différentes positions et différents types d'établissement pour enrichir leurs compétences et les faire reconnaître par l'institution.

2.2 Accompagnement et transmission de l'expérience

Il est incontestable que la situation dans certains établissements, où un très grand nombre de jeunes enseignants venus d'autres horizons arrive chaque année, souvent « malgré eux », est problématique. Certaines équipes pédagogiques ne sont constituées que de nouveaux titulaires, et la présence insuffisante d'anciens fait que des classes particulièrement difficiles sont encadrées uniquement par des débutants. Dans les collèges REP-ZEP, où il y a deux professeurs principaux par classe, tous les nouveaux arrivants sont professeurs principaux, ils doivent prendre en charge l'aide aux élèves en difficulté.

Ces établissements, dans lesquels il arrive que les élèves de troisième soient ceux qui ont le plus d'ancienneté et dans lesquels une mémoire collective fait défaut, peuvent vite dysfonctionner (Debarbieux, *op. cit.*). Mais, par ailleurs, les chefs d'établissement et les corps d'inspection témoignent de l'apport incontestable de ces équipes de jeunes enseignants et de l'espoir que ceux-ci représentent : dynamisme, esprit d'équipe, pragmatisme, meilleure compréhension des difficultés des élèves, formation initiale, didactique et pédagogique, qui leur permettent d'expérimenter dès leur arrivée et de prendre en charge les dispositifs d'aide. Ils disent s'appuyer beaucoup sur eux dans certains établissements où les anciens ne sont plus porteurs d'initiative[1]. Ils soulignent tous néanmoins la nécessité d'un étayage et d'un **accompagnement** de ces jeunes enseignants, qui peut se faire d'autant plus naturellement que l'établissement n'est pas délaissé par les anciens et qu'une transmission s'organise.

Là encore les situations et les expériences peuvent être très diverses. Dans certains établissements les jeunes enseignants ont l'impression d'être « bizutés » par les adultes tout autant que par les élèves : attribution de classes dont on pourrait penser qu'elles seraient mieux encadrées si les équipes étaient expérimentées ou au moins plus mixées, non-transmission des informations nécessaires à une prise en main efficace. Quand ils demandent de l'aide ou des explications, il leur semble comprendre qu'ils doivent faire leurs armes, leurs preuves, comme les anciens ont dû le faire. Cette situation de non-transmission dans un milieu éducatif peut paraître choquante. Elle s'explique en grande partie par la lassitude de certaines équipes en place, mais aussi par leur humilité quant aux résultats obtenus face aux difficultés des élèves. Elle les pousse à penser qu'elles n'ont vraiment rien d'essentiel à apporter.

Comme nous l'avons déjà évoqué, la **transmission de l'expérience** dans le cadre de la classe et de l'établissement n'est pas chose aisée. Son organisation pose problème, des enjeux personnels et professionnels, des questions de positionnement et d'image entrent alors en ligne de compte. Plusieurs cas de figure peuvent se présenter : certains enseignants ont du mal à décomposer et à analyser leur expérience pour aider les débutants à s'en saisir, la mise en mots n'en est pas simple ; pour d'autres, au contraire, cela semble très simple et en fait ils confondent prescription, imposition et transmission d'expérience. Dans les établissements où les anciens sont encore en nombre important, la tentation d'imposer leur style et leur mode d'approche des élèves est grande. Certaines équipes en place portent un regard un peu paternaliste sur la jeune génération enseignante, qu'ils trouvent moins militante, moins engagée, moins exigeante avec les élèves, ne se rendant pas toujours compte que les conditions de prise de fonction sont bien plus complexes que celles qu'ils ont connues. Cela peut entraîner un rejet de la part des jeunes

1. Rapport de l'Inspection générale (2006), *Égalité des chances*, www.education.gouv.fr.

enseignants, qui préfèrent expérimenter et échanger entre eux, avec les risques de fermeture que cela présente (Rayou et van Zanten, *op. cit.* ; Kherroubi, *op. cit.*).

Quand des enseignants rencontrent des difficultés avec une classe, on sait que cela a des répercussions sur le fonctionnement de la classe avec les autres collègues. Cela peut atteindre l'établissement tout entier. Conscients de ces enjeux, dans certains établissements les anciens mettent en place des systèmes d'entraide informelle qui permettent aux débutants de trouver cet étayage nécessaire à l'apprentissage du métier. Ils leur proposent de prendre les élèves dans leurs cours, de co-animer des heures de vie de classe, de recevoir les parents avec eux, ils s'efforcent d'intervenir auprès des élèves sans discréditer pour autant les jeunes collègues, ce qui n'est pas évident. En cas de nécessité, le relais est alors pris par la « vie scolaire » et la direction. L'aide demandée ou rendue nécessaire en urgence concerne essentiellement la question de l'ordre dans la classe (Kherroubi, *op. cit.*). On sait qu'elle devrait aussi concerner les contenus et la conception des cours. Sur cette question, l'intervention directe vis-à-vis d'un pair serait malvenue, elle ne peut avoir lieu et être efficace que par le détour de projets communs, disciplinaires ou interdisciplinaires. En dehors du fait que ces projets, s'ils sont conçus au service des apprentissages scolaires, sont bénéfiques aux élèves, ils permettent l'intégration des nouveaux, leur socialisation professionnelle et une transmission de l'expérience en acte.

Les chefs d'établissement sont conscients de ces effets et sont fortement encouragés par l'autorité de tutelle à la mise en place de ce type d'actions dans le cadre du projet d'établissement. Il arrive qu'ils se heurtent à une résistance assez forte, là même où ces projets naissent de la propre initiative des équipes enseignantes. On touche là à la conception paradoxale, évoquée plus haut, qu'ont certains enseignants du travail collectif et des obligations de service. Dans le cadre de l'entrée dans le métier dans l'académie de Créteil, le rectorat a souhaité depuis 2001 mettre en place des équipes référentes dans les établissements qui accueillent un grand nombre de nouveaux enseignants. En dehors du fait que certains de ces établissements connaissent trop de changements pour stabiliser des équipes, on constate que cet accueil formalisé peine à se mettre en place, ce qui ne veut pas dire qu'il n'y ait pas d'accueil. Là comme ailleurs, l'informel et l'affinitaire sont privilégiés.

Les équipes de direction et les corps d'inspection comptent beaucoup sur l'installation plus durable des jeunes enseignants, plus volontaires pour prendre le relais et accompagner les tout nouveaux arrivants. Leurs galères du début sont déjà mises à distance, mais non oubliées, ils offrent une identification possible, réaliste. Ils sont eux-mêmes en train de construire et d'élaborer leur identité professionnelle. Les IUFM font aussi appel à eux pour accompagner les futurs enseignants. Ces jeunes enseignants disent tout le bénéfice qu'ils en tirent pour leur propre pratique.

Dans la perspective du renouvellement de grande envergure qui attend l'Éducation nationale dans la décennie à venir, renouvellement qui pourrait atteindre 50 % du personnel enseignant, il semble essentiel de mettre dès maintenant en place dans les établissements des modes d'organisation qui facilitent ce **tuilage intergénérationnel** et qui rendent plus visibles les modes de socialisation et de professionnalisation.

3. Un sentiment de difficulté à identifier la portée et les limites de l'action éducative

Ce qu'ils disent

Arnaud, 26 ans, certifié de lettres : « Pour certains élèves le travail qu'on fait en classe trouve son prolongement en dehors, notamment à la maison. Mais cela n'est vrai que pour une minorité. Pour les autres on a l'impression qu'il faudrait poursuivre l'accompagnement au-delà de la classe. Mais comment ? Jusqu'où ? »

Céline, 24 ans, certifiée d'anglais : « L'année de stage je n'ai quasiment jamais vu de parents en dehors des réunions obligatoires. Depuis que je suis titulaire je suis professeur principal et rencontrer les parents me pose toujours problème. J'ai l'impression que je ne sais pas faire. Je fais souvent appel au CPE pour m'épauler dans ces entretiens qui sont essentiels. »

Manuel, 24 ans, certifié d'éducation physique et sportive : « Les parents, je les connais. Je suis né dans cette cité. Pour moi ce n'est pas un problème d'aller les rencontrer chez eux quand je pense que c'est nécessaire. »

3.1 Soi et les autres non professionnels

Des textes officiels récents rappellent des textes antérieurs sur la place et le rôle des parents dans l'école[1]. L'Inspection générale a été chargée d'une mission sur cette question et a rédigé un rapport en 2006, dans lequel elle recommande notamment d'en faire un objet obligatoire de formation initiale et continue. Cette question était abordée jusqu'ici dans certains IUFM dans des modules optionnels. Elle fait partie intégrante du nouveau cahier des charges de la formation initiale et devrait se traduire dans les plans de formation à partir de la rentrée 2007.

Ce rappel des textes s'appuie sur des observations et enquêtes[2] qui font état d'un certain malaise dans les **relations école/familles**, de malentendus de part et d'autre, à une époque où, en raison de l'ouverture des études longues à une grande masse d'élèves, une coopération plus efficace s'avère, pour la réussite des élèves, absolument incontournable (Dubet, 1997). Le **partenariat** nécessaire entre l'institution scolaire et les parents d'élèves ne va pas de soi, il se heurte à des résistances dans le milieu enseignant, qui y voit la fin d'une conception de l'école républicaine, un surcroît de travail dans un domaine qui va bien au-delà des compétences exigées pour enseigner une discipline, et qui n'est pas persuadé que cela aidera à diminuer l'échec scolaire. Ce partenariat met aussi en évidence des habitus familiaux qui peuvent être vécus par l'école dans certains cas comme une tentative d'ingérence pour la défense des droits de l'enfant ou dans d'autres cas comme une démission, alors qu'une coopération serait souhaitée. Ces malentendus tournent tous autour des questions essentielles du maintien de l'ordre, de la mise au travail, de l'évaluation, des résultats scolaires et de l'orientation[3]. Tous ces points sont sensibles autant pour les enseignants que pour les élèves et pour leurs familles. Il y va de l'avenir des uns et de la crédibilité des autres.

---

1. Rappel du code de l'éducation dans le décret du 29 juillet 2006 et la circulaire du 25 août 2006.
2. Par exemple, le débat sur l'école : « Les Français et leur école. Le miroir du Débat », Dunod, 2004.
3. Rapport des inspections générales : « La contribution de l'éducation prioritaire à l'égalité des chances des élèves », octobre 2006.

L'origine du malentendu actuel réside en partie dans l'attente énorme des familles vis-à-vis de l'école en termes d'aide à l'insertion sociale, et par conséquent dans la place que prend l'école dans la vie des familles, souvent malgré elles et leur culture. Cette interpénétration de fait, souvent non explicite ou mal explicitée, nécessite non seulement la mise en place de règles afin de délimiter clairement la place et le rôle des uns et des autres et les possibilités de coopération, avec pour objectif commun la réussite des élèves, mais aussi un effort important de la part des enseignants pour une meilleure compréhension des mobiles des familles. Parallèlement, l'explicitation de ce qui se joue vraiment à l'école pour les élèves et des formes que peut prendre le soutien apporté par les familles ne peut que faciliter le travail des enseignants et contribuer à une meilleure réussite des élèves (Dubet, *op. cit.* ; Perier, 2005 ; Thin, 1998).

Les familles, notamment les familles populaires, ont souvent une représentation idéalisée et figée de l'école, sanctuaire qui protégerait leurs enfants de l'extérieur et qui bifferait les différences et les inégalités. Ils ont l'impression que l'école actuelle résiste mal à la pression de l'extérieur, que les enseignants n'affirment pas assez leur autorité et que leurs enfants y subissent des injustices. Ils peuvent, en accordant foi aux dires de leurs enfants, interpréter les mauvais résultats scolaires ou les sanctions relatives au comportement ou au non-travail comme des discriminations et avoir tendance à se retourner contre l'école. Les clefs leur manquent souvent pour lire ce qui se passe : origine des difficultés scolaires et des résultats, raisons des sanctions, possibilités d'orientation. Ils ne voient pas toujours en quoi ils pourraient aider leurs enfants, si ce n'est en leur faisant pleinement confiance.

3.2 Organiser le travail de la classe, communiquer

Le rapport de l'Inspection générale d'octobre 2006 souligne l'énorme **effort de communication** que l'école a à fournir en direction des familles, aussi bien sur le fond que sur la forme. Les chercheurs qui travaillent sur ces questions ont fait ce constat depuis le début des années 1980, au moment où on a commencé à prendre conscience que les effets de la massification seraient plus complexes que ceux attendus du fait de l'allongement de la scolarisation.

Les difficultés rencontrées par de nombreux élèves au collège et au lycée ont révélé que l'accompagnement de la scolarisation est une question cruciale, trop longtemps négligée par les enseignants du secondaire. Les prescriptions qui régissent leur activité étaient majoritairement centrées sur la transmission de la discipline et le travail dans la classe (Glasman, 2004 ; Obin, *op. cit.*). Le collège a commencé à s'en soucier au début des années 1990 avec l'introduction des études dirigées. Les derniers textes sur l'éducation prioritaire en font une priorité. Cet accompagnement inclut obligatoirement la communication avec les familles, ne serait-ce que pour les informer de ce qui se passe pour leur enfant et des possibilités d'aide[1].

Les jeunes enseignants qui manquent eux-mêmes d'assurance et d'expérience sur tous ces points sensibles redoutent les rencontres avec les parents et ont tendance à les éviter, parfois inconsciemment, parfois en suivant la tradition orale de la salle des professeurs : « temps perdu ». Ils confondent nécessité de l'explicitation des objectifs et des méthodes avec justification d'actes dont ils estiment ne pas avoir à rendre compte aux familles. Il leur arrive, on le sait, de sanctionner de façon inconsidérée les premières années, sans marge de manœuvre ensuite, de ne pas dissocier comportement et résultats dans l'évaluation, alors que les textes le prescrivent[2]. Dans ce cas, la coopération avec d'un côté la vie scolaire, de l'autre les familles peut être un soutien précieux. À condition de ne pas faire appel aux parents pour ce qu'ils ne peuvent et ne doivent pas faire. Certains enseignants, désarmés devant le non-travail des élèves ou leur indiscipline, font appel aux parents en permanence, multiplient les mots sur les carnets et les appels téléphoniques et s'étonnent que les parents ne réussissent pas là où eux, professionnels, échouent. Les parents ne manquent pas alors de le leur faire remarquer.

La difficulté qu'éprouvent les enseignants débutants à se positionner, à assurer leur autorité, peut aussi se traduire par des maladresses dans la communication : distance trop grande, ressentie par les parents comme mépris, prescription là où les parents attendent explicitation, interrogations et recherche de solutions en commun (Dubet, *op. cit.* ; Payet, 1997). Cette

---

1. La circulaire du 25 août 2006 sur le programme personnalisé de réussite éducative parle même de contrat passé avec les familles.
2. Circulaire de juillet 2000 sur les punitions et sanctions disciplinaires.

attitude prescriptive n'est pas l'apanage des enseignants débutants. Les réunions parents/professeurs au cours desquelles les enseignants présentent leurs objectifs et font appel au soutien actif des parents ne sont souvent qu'une suite ininterrompue de prescriptions.

Il y a dans le milieu enseignant une certaine tendance à afficher du mépris pour les compétences communicatives, qui sont assimilées à quelque chose de superficiel ou de commercial. Les jeunes enseignants font l'expérience parfois douloureuse que ce sont des compétences qu'il est bon d'acquérir pour en faire usage avec discernement, autant dans la conduite de la classe que dans des entretiens avec des élèves, avec des parents ou d'autres partenaires. Les compétences communicatives dont a besoin un enseignant sont étroitement mêlées à ses compétences didactiques et pédagogiques : elles l'aident à mieux discerner l'origine des difficultés rencontrées par un questionnement approprié, à mieux expliciter ses critères d'évaluation, à mieux formuler les conseils qu'il donne pour qu'ils soient recevables et efficaces. C'est un maillon essentiel de **l'accompagnement de la scolarité**, il est évident que cela n'en est qu'un aspect (Hadji, 1989 ; Perrenoud, 1991).

Le travail des élèves, leur compréhension ou non de ce qui se déroule en classe, la façon dont ils s'approprient les cours et dont ils les prolongent ou non par un travail personnel, leurs difficultés d'expression, de formalisation sont des objets qu'il est nécessaire d'explorer et d'interroger (Barrère, *op. cit.* ; Bautier et Rochex, 1998). Ce sont ces interrogations, ces informations qui guident la préparation des cours, le suivi des devoirs donnés, la différenciation dans la conduite de la classe, la prescription d'aide, de soutien. Dans cette recherche d'informations et dans cette construction sans cesse renouvelée, le recours aux élèves eux-mêmes et à leurs familles est incontournable.

Ce n'est pas une évidence pour les jeunes enseignants, très centrés sur leur préparation de cours et sur l'accomplissement du programme et qui vivent toute perturbation comme une remise en cause de leur travail. La confrontation avec la non-assimilation du cours, avec des copies décevantes ou catastrophiques, les amène à cette régulation indispensable qui permet de ne pas renvoyer la responsabilité aux seuls élèves ou au milieu familial. La compréhension de la complexité des situations personnelles des élèves, des obstacles à l'apprentissage ne résout pas tout et ne doit pas être une boîte de Pandore dans laquelle l'enseignant se perd.

On est là, une fois de plus, sur la tension qui caractérise l'activité enseignante entre tenir le cap du programme et prendre en compte la diversité des situations. Sur toutes ces questions, le travail en équipe de classe, la répartition des tâches s'avèrent indispensables[1]. L'existence de deux professeurs principaux par classe dans les collèges ZEP est de ce point de vue facilitante.

La mobilisation des établissements

Le phénomène de massification d'une part, la décentralisation et une plus grande autonomie des établissements d'autre part, ont considérablement modifié l'organisation interne des établissements et le rapport au métier des enseignants et des « professionnels de l'éducation » dans les trente dernières années.

Une équipe de chercheurs[2] s'est attachée à mettre en lumière les différents éléments qui participent à la construction d'un « effet établissement ». Confrontés à des problèmes comparables, tous les collèges de banlieue ne démontrent pas la même capacité à agir collectivement en vue d'augmenter leur efficacité en direction des élèves. La présence d'un noyau d'enseignants stables, capables d'intégrer les nouveaux arrivants dans des projets qui structurent le travail avec les élèves, est un des premiers facteurs de réussite ; vient ensuite le développement de réseaux, souvent informels, au croisement du professionnel et de l'affinitaire, qui permettent aux jeunes enseignants d'affronter la difficulté du contexte et de se former à tous les aspects du métier.

La mobilisation repose aussi sur la capacité des enseignants à adapter leurs pratiques et leur éthique professionnelle à leur public, sans pour autant renoncer à leurs exigences. Cela se traduit notamment par une sensibilité

1. Parmi les 10 compétences qui doivent être maîtrisées par les enseignants (*cf.* cahier des charges de la formation, arrêté du 28 décembre 2006) figurent : « maîtriser la langue française pour enseigner et communiquer » et « travailler en équipe et coopérer avec les parents et les partenaires de l'école ».
2. A. van Zanten, M.-F. Grospiron, M. Kherroubi, A. Robert (2002), *Quand l'école se mobilise*, La Dispute, Paris.

aux dimensions éducatives et civiques du métier, et en même temps par une inventivité pédagogique et didactique qui nécessite d'accepter une remise en question permanente. Une mobilisation de ce type, si elle est très formatrice, ne peut qu'être limitée dans le temps. Les projets en commun, la collégialité sont alors essentiels.

L'efficacité plus ou moins grande de ces établissements tient aussi à la façon dont le travail est organisé, réparti et piloté : respect des domaines d'intervention des uns et des autres (enseignants et professionnels de l'éducation), soutien mutuel en cas de besoin, rôle d'impulsion important (sans interventionnisme dans la pédagogie) joué par le chef d'établissement semblent être des atouts majeurs.

Troisième partie

PISTES

Beaucoup de stagiaires font l'expérience d'un des paradoxes de la formation qui veut que, si elle est très prescriptive, elle désarme face aux situations toujours particulières auxquelles on sera confronté et que, si elle est trop impressionniste, elle renvoie chacun à ses propres ressources et suscite découragement et fatigue... Refusant à la fois les recettes et le recours au charisme personnel, ils nous ont souvent dit qu'ils attendaient d'une formation qu'elle les « mette sur la piste », qu'elle leur permette, à partir de cas toujours concrets, de construire des manières de capitaliser et de réinterpréter leur expérience et celle des autres. Nous leur proposons ici une présentation de quelques dispositifs, stabilisés ou émergents, à l'œuvre dans les centres de formation, et des possibilités de se les approprier. Car, de manière là aussi paradoxale, la situation de brouillage des missions éducatives que nous connaissons actuellement est aussi propice à la prise en main, par les formés eux-mêmes, de la formation à un métier qui en appellera de plus en plus à l'imagination et à l'expertise professionnelles.

6

La formation initiale et continue des enseignants du second degré

Le cahier des charges de la formation qui s'appuie sur la *loi d'orientation et de programme pour l'avenir de l'école* (2005) réaffirme le principe d'une formation des maîtres en alternance, d'une « interaction entre approches théoriques et pratiques qui associe l'université, désormais chargée de la formation des maîtres, et les établissements d'enseignement ». Cette alternance implique un pilotage à deux têtes qui ne facilite pas toujours la compréhension de ce qui se joue, aussi bien en formation à l'institut que sur le terrain.

Après la réussite au concours, les futurs stagiaires sont affectés dans un IUFM et en même temps dans un établissement de l'académie. Ils vont, pendant cette année de formation, être à la fois sous la responsabilité du directeur de l'institut et d'un chef d'établissement. Cette double tutelle, symboliquement importante pour tous, peut être source de malentendus. Les chefs d'établissement peuvent avoir tendance à oublier l'autre partie, de la même façon que le terrain peut être « diabolisé » par l'institut. Or tout le travail de la formation doit consister à créer du lien entre pratique et théorie, à aider l'enseignant débutant à mieux comprendre ce qui se passe dans l'établissement et à s'y intégrer. Il doit être aussi de l'aider à se trouver soi-même, sans simplement se conformer ou au contraire s'opposer. Cet enjeu n'est pas toujours perçu par les stagiaires, sans doute en grande partie parce qu'il n'est pas assez explicité.

I. L'accompagnement sur le terrain

Pour une formation en alternance le choix du terrain est essentiel. Il doit, pour être formateur, n'être ni trop difficile, ni trop facile. L'affectation en établissement pour le stage en responsabilité* et le stage de pratique accompagnée* n'est pas du ressort de l'institut. Il est préparé en amont par le rectorat et les corps d'inspection disciplinaires, en fonction des besoins déclarés par les établissements. La présence dans l'établissement ou à proximité d'un conseiller tuteur*, reconnu par l'inspection pédagogique disciplinaire, est le critère essentiel pour retenir un lieu de stage. On sait d'expérience que cela ne devrait pas être le seul critère : les relations entre adultes, entre adultes et élèves au sein de l'établissement peuvent être plus ou moins propices à l'apprentissage serein du métier. Certains établissements, « faciles » en apparence, sont très peu formateurs : le travail en équipe y est difficile, voire inexistant. Certains conseillers, excellents pédagogues dans le cadre de l'enseignement de leur discipline en collège ou lycée, se révèlent en difficulté dans l'accompagnement d'enseignants débutants, surtout quand l'apprentissage ne va pas de soi.

L'institut de formation n'est pas toujours consulté sur la pertinence du lieu de stage et le choix du conseiller, car c'est le domaine d'intervention des corps d'inspection. Dans la majorité des cas il y a concertation *a posteriori* en cas de difficultés sur le terrain. L'autorité de référence pour les conseillers, comme pour tout personnel enseignant titulaire, est l'inspection, alors que les stagiaires dépendent de l'IUFM. Les sentiments des conseillers tuteurs à l'égard des formateurs IUFM et du « discours pédagogique » de l'institut sont parfois ambivalents. Si leurs liens avec la formation sont distants, ils peuvent penser et dire, et les stagiaires avec eux, que ce qui est conseillé à l'IUFM est irréaliste, oubliant qu'en formation initiale il faut bien fixer un objectif élevé pour les débutants et que le travail avec le conseiller tuteur est justement là pour aider à envisager des ajustements et des adaptations en fonction des différentes classes et du contexte. Un des objectifs du stage est de faire comprendre au stagiaire quelle est sa marge de manœuvre, de liberté, d'initiative et d'interprétation. Si chacun joue bien sa partie, les stagiaires prennent conscience que débats et controverses font la richesse du métier.

Un travail de liaison, de mise en relation, de concertation est nécessaire pour que le stagiaire s'y retrouve et ressente ce double accompagnement comme un plus et pas seulement comme un contrôle ou comme une cacophonie. C'est un des rôles des formateurs de l'IUFM et de leur direction : bulletins de liaison, fiches navettes, réunions en commun, groupes de parole, analyse de pratiques, formation de formateurs. Les visites des formateurs dans la classe du stagiaire et dans l'établissement devraient être des moments privilégiés de travail en commun, de rencontre autour d'objets partagés, et c'est majoritairement le cas. Le chef d'établissement doit aussi y trouver sa place. Il a la responsabilité de l'organisation de l'accompagnement sur le terrain. On constate qu'il délègue souvent totalement ce rôle au tuteur qui ne peut pas tout assumer : suivi didactique et pédagogique dans les classes et confrontation avec toutes les facettes du métier. Par ailleurs, les chefs d'établissement sont certes conscients que les stagiaires ont droit à l'erreur et ont besoin de temps pour apprendre, mais en même temps ils sont responsables du bon fonctionnement et de la bonne image de l'établissement et peuvent se montrer impatients devant des difficultés de gestion de classe.

On voit combien il est difficile de trouver la juste mesure, dans le cadre d'une **formation d'adultes qui se destinent à devenir fonctionnaires**. L'évaluation de fin d'année est toujours en toile de fond. Elle vient souvent brouiller les cartes de l'apprentissage. Les stagiaires ne saisissent pas toujours assez toutes les occasions d'observer et d'apprendre le métier qui leur sont offertes au cours de cette année de formation : ils sont entourés d'experts disponibles et missionnés pour les accompagner et qui savent, pour la majorité d'entre eux, faire la part entre accompagnement de l'apprentissage et évaluation.

2. Formation et formateurs

Le cahier des charges de la formation prévoit que 70 % des formateurs aient aussi des classes en responsabilité. Cette disposition fait suite aux critiques récurrentes des stagiaires sur l'impression d'éloignement du terrain et de la réalité des classes que donnent certains formateurs. Le problème est plus complexe et ne sera pas résolu par cette seule décision.

Les formateurs sont toujours choisis pour leur compétence disciplinaire et pédagogique ainsi que pour la qualité de leur réflexion théorique. L'expérience qu'ils ont de situations diversifiées et le travail de réflexion qu'ils fournissent leur donnent toujours un temps d'avance sur les formés. Quand bien même ils vivraient exactement les mêmes situations que les stagiaires, ils ne les verraient pas de la même façon, ils ne réagiraient pas de la même façon. C'est cette mise à distance, cet écart qui est mal vécu par les stagiaires : cela les renvoie à leur propre inexpérience, épreuve parfois douloureuse. Tout le travail du formateur est alors de ne pas faire sentir trop fortement cet écart, afin que le débutant franchisse le pas qui l'emmène vers la maîtrise. Il y a sûrement des formateurs qui font cela mieux que d'autres. Ce partage du temps entre leur propre établissement et l'institut de formation représente pour les formateurs une surcharge certaine. Mais cette double contrainte peut les amener à mieux comprendre celle que vivent les stagiaires.

La formation est conçue comme un **va-et-vient entre pratique et réflexion sur la pratique**, elle mêle les regards et les points de vue afin d'aider les stagiaires à trouver leur place dans une institution riche et complexe qui ne se limite pas à la seule salle de classe. La diversité des intervenants est indispensable, la palette est grande : universitaires, spécialistes d'un domaine ou didacticiens de la discipline, enseignants ayant mené des projets spécifiques sur le terrain, partenaires dans le cadre du suivi des élèves, dans l'établissement ou hors établissement, institutions diverses. Les formations pour les PLC2 abordent cependant en priorité ce qui concerne la transmission d'une discipline et la question des apprentissages des élèves. Les formations disciplinaires sont construites autour de l'enseignement d'une discipline et de ses contraintes, en grande partie à partir des situations vécues par les stagiaires. Le suivi individualisé (visites dans les classes, aide à la construction de cours, suivi des écrits) est là pour analyser de plus près chaque situation et proposer des solutions adéquates. Les formateurs constatent chez les stagiaires les mêmes réticences à solliciter des conseils que les conseillers tuteurs ou les chefs d'établissement : la peur, le fantasme attaché à l'évaluation finale, la volonté aussi d'être autonome le plus vite possible, l'illusion parfois, encore assez répandue, que de toute façon ce métier ne s'apprend pas et que la compétence disciplinaire suffit.

De nombreux points, aussi bien disciplinaires que transversaux, seront l'objet d'approfondissement lors des années qui suivent la titularisation. Ils seront alors revisités à la lumière de l'expérience et appropriés autrement.

3. La formation continuée

Cette nécessité de poursuivre la formation au-delà de l'année de stage donne lieu chez les nouveaux titulaires à des réactions ambivalentes : ils aimeraient d'une part en avoir fini définitivement avec la formation, ce qui explique en grande partie qu'ils réclament souvent des « recettes », mais en même temps ils se plaignent de ne pas avoir été formés pour affronter les situations nouvelles. Il leur est très difficile d'accepter d'avoir à recommencer sans cesse et d'être mis en permanence à l'épreuve. L'acceptation du rôle de la formation essentiellement comme étayage met du temps à s'installer. Elle renvoie nécessairement à l'autonomie de l'enseignant, à la fois souhaitée et redoutée, et à sa responsabilisation.

Cette prise de conscience devrait être facilitée à terme par l'affichage institutionnel d'une formation obligatoire au cours des deux années qui suivent la titularisation. Reste à mieux en définir les objectifs et les contours, ainsi qu'à identifier les acteurs concernés. Le chef d'établissement assumera le rôle principal dans l'organisation de l'accompagnement, en relation avec les corps d'inspection, comme il se doit pour tout personnel titulaire. Le relais sera pris par des enseignants référents au sein de la communauté éducative. On a déjà vu que cette question de la socialisation par les pairs n'est pas chose facile à institutionnaliser et qu'elle se faisait jusqu'ici de façon un peu « sauvage » et très diversifiée selon les contextes. Le retour en institut de formation se fera sous la forme de stages de regroupement sur des thèmes précis, comme la connaissance des publics spécifiques, la relation aux parents ou le travail avec les partenaires. Certaines académies, comme celles de Créteil, Versailles ou Lille, avaient déjà expérimenté ces dispositifs de formation pour **accompagner la prise de fonction** en milieu difficile. Au-delà des critiques qui concernent au moins autant l'organisation que les contenus des formations mises en place, les jeunes enseignants reconnaissent l'importance d'un accompagnement qui permet une acculturation progressive et une entrée dans le métier plus sereine.

Après ces deux années, les enseignants peuvent participer de leur propre initiative ou sur initiative collective et en accord avec le chef d'établissement à des actions de formation continue. Certains plans de formation continue proposent aussi bien des approfondissements didactiques que des stages d'ouverture culturelle ou encore la possibilité de préparer les concours internes, comme l'agrégation. Des masters* professionnels se mettent en place. Avec l'intégration des IUFM dans les universités ils sont amenés à se développer dans les années à venir. La prise en compte de la formation continue dans la carrière des enseignants est un chantier de grande envergure.

7

L'analyse des pratiques professionnelles

1. La démarche réflexive dans la formation des maîtres

Dans la **formation professionnelle en alternance**, la possibilité de mettre à distance l'expérience du terrain et de la revisiter autrement est essentielle. L'adaptabilité à des situations complexes qui font le quotidien du métier ne saurait être réglée par la simple transmission de savoirs et de techniques ou un simple échange de « bonnes » pratiques. La compréhension de ces situations et de ce qui les génère joue un rôle important dans le processus de professionnalisation.

C'est dans cette perspective que les IUFM ont introduit et repris le concept de « praticien réflexif » dans la formation des maîtres. La mise en place d'ateliers d'analyses de pratiques professionnelles (APP) en est une des déclinaisons.

Force est de constater que ce terme (APP) ne recouvre pas la même réalité dans chaque IUFM et même au sein de chaque institut. Certains instituts en ont fait une obligation, d'autres l'ont proposée en option ; dans certains cas l'approche est disciplinaire, essentiellement didactique et pédagogique, dans d'autres les domaines travaillés concernent des situations professionnelles qui dépassent la classe et la relation pédagogique (les pairs, l'établissement, l'institution). Les approches théoriques sont elles aussi diversifiées, mais pas toujours explicites et identifiables par les stagiaires.

Quelle que soit l'approche (didactique, pédagogique, psychosociale, psychanalytique, ergonomique) et les modalités de travail (travail à partir des cas apportés par les stagiaires, apportés par l'animateur, à partir de récits ou d'observations) il y a interrogation en groupe sur des situations vécues ou observées, des pratiques exposées et plus ou moins directement du sujet enseignant. Selon les approches les formateurs visent plus la compréhension de ce qui se joue que la transformation des pratiques. Dans tous les cas de figure la façon dont le cadre de travail est posé, la « protection » des stagiaires et la qualité des analyses menées par le groupe jouent un rôle essentiel dans l'adhésion et l'implication des formés.

On peut comprendre les réticences de certains stagiaires quand ces ateliers sont obligatoires et animés par des formateurs qui interviennent dans le processus d'évaluation. Ils hésitent à s'exposer en rendant compte de situations de classe parfois difficiles. On verra qu'ils ont les mêmes réserves vis-à-vis de l'écriture professionnelle, qui est une autre modalité d'analyse de sa pratique.

Lorsque l'analyse porte essentiellement sur l'enseignement de la discipline et les gestes professionnels, comme la préparation de cours et sa mise en œuvre, la marge entre analyse et prescription est étroite, surtout avec des débutants qui n'ont pas assez d'expérience pour se saisir pleinement de cette occasion de réfléchir sur leurs marges d'autonomie et d'expérimentation. Ils sont souvent plus demandeurs de réponses définitives que d'ouvertures qui les déstabilisent dans un premier temps.

Des modalités de formation souples et mixées sont alors plus appréciées et sans doute efficaces : préparation de cours en groupe, co-observation des différentes mises en œuvre, travail d'analyse avec le formateur, par exemple. Des parties de cours peuvent être filmées et retravaillées ensuite. On arrive ainsi plus progressivement au **regard porté sur sa propre pratique** et à la prise de conscience de ce qui fonctionne et pourquoi, de ce qui peut poser problème et gagnerait à être modifié. L'alternance et le va-et-vient entre institut de formation et terrain prennent alors sens.

Dans ces formations essentiellement centrées sur les pratiques de classe et sur les observables, il est absolument nécessaire que les formateurs clarifient leur propre rapport à l'enseignement de la discipline, à la norme et la prescription. Ces formations, de par la diversité des situations observées et analysées, devraient avoir pour visée essentielle l'entrée des jeunes enseignants dans des débats et controverses professionnels au service de la réussite des élèves. Mais le cadre de la formation initiale certificative vient quelquefois figer des situations et des réponses qui ne devraient pas l'être. Certains formateurs hésitent à introduire du débat autour des pratiques alors que celles des stagiaires sont loin d'être stabilisées.

1.1 L'approche de la complexité

Même si l'analyse se limite à l'enseignement de la discipline et à la classe, les situations observées ou exposées dépassent ce cadre strict et vont inclure le regard porté sur les élèves et leurs compétences, la façon de les aborder, le positionnement dans l'institution, l'éthique du métier. Il en est ainsi de situations aussi diverses que le refus de travail d'un élève ou un refus d'obtempérer, une arrivée en retard systématique de la part de certains élèves, un devoir sur table non réussi par l'ensemble d'une classe, une séance de rendu de devoirs qui se passe mal, une bagarre en classe... Pour toutes ces questions qui touchent autant le sujet que le professionnel et qui feront intervenir à un moment d'autres acteurs que l'enseignant et les élèves, la **mise à distance par le récit** permet un travail de compréhension et d'élaboration plus approfondi :

> « Un récit donne directement accès à la subjectivité de celui qui raconte mais aussi, à travers elle, à la culture professionnelle, aux logiques institutionnelles, telles qu'elles sont intégrées par le sujet qui parle. »[1]

On passe alors à un autre type de travail pour lequel le cadre plus formalisé de l'atelier d'analyse de situations professionnelles est nécessaire. Le groupe qui s'y constitue joue un rôle essentiel : écoute des autres sans jugement, compréhension de soi au travers du récit des autres, construction du sens en commun. Le groupe vient en appui pour analyser *a posteriori* les effets des décisions prises en situation, dans la « solitude », et pour démêler la part du contexte dans ce qui a pu faire événement :

---

1. F. Giust-Desprairies (2005), *Analyser ses pratiques professionnelles en formation*, CRDP Académie de Créteil, p. 38.

« Nous transmettons durant la séance notre expérience, notre vision et nos impressions sur ce qui s'est passé : il est extrêmement intéressant, d'une part, de les verbaliser, de pouvoir ainsi revivre la situation et, à partir de là, de pouvoir mieux s'en détacher, avant, d'autre part, d'observer comment cette situation est perçue et interprétée par d'autres collègues, comment ils l'analysent, aussi bien du point de vue de l'enseignant que du point de vue de l'élève… Quand la séance se termine, le travail de réflexion se poursuit et nous relativisons les événements. »[1]

Ce type de travail engage la personne et ne peut être imposé dans le cadre d'une formation contrainte et certificative, seulement proposée ou recommandée.

Il importe aussi que l'approche des formateurs et les pistes d'analyse envisagées embrassent plusieurs champs (psychosocial, pédagogique, institutionnel) et permettent aux stagiaires d'appréhender ainsi la **complexité des situations**, cette complexité ne devant ni faire peur ni déresponsabiliser. Ce qui est visé au sein des groupes d'analyse de situations professionnelles est de l'ordre du processus, de l'aide au positionnement.

À l'enseignant ensuite de prolonger le travail, soit par un approfondissement de sa préparation de cours et une réflexion didactique plus approfondie, soit par une observation plus fine des élèves et un regard différent porté sur le contexte, soit par des lectures théoriques qui l'emmènent vers de nouvelles pistes.

L'évaluation des effets de ce type de travail est difficile : un enseignant peut manifester de bonnes compétences à l'analyse d'une situation sans pour autant les traduire par des actes qui engageront des modifications des pratiques. C'est pourquoi il est important que plusieurs types de dispositifs de formation soient proposés aux jeunes enseignants : observation d'experts et par des experts, entretiens post-observation, observation de pairs et par des pairs, diverses possibilités de regroupements et d'interventions, des moda-

1. Extrait d'entretiens de stagiaires, in GEASE (2005), « L'analyse des situations éducatives dans un Groupe d'entraînement à l'analyse des situations éducatives », *Analyser ses pratiques professionnelles en formation*, CRDP Académie de Créteil, p. 196.

lités d'analyse de l'activité diversifiées ainsi que des possibilités de mise en mots, à l'écrit et à l'oral.

Il est essentiel que la **démarche réflexive** irrigue l'ensemble de la formation plutôt que d'être réservée aux seuls ateliers, alors que les stagiaires sont confrontés par ailleurs et parallèlement à des démarches de formation qui leur paraissent normatives et prescriptives. Les stagiaires soulignent ces contradictions dans la mise en œuvre des plans de formation qui leur font douter de l'IUFM, de l'institution et de la formation. Un des objets de travail pour la formation d'un futur fonctionnaire est justement la part de contrainte et de liberté qui fait la complexité du métier : jusqu'où peut et doit aller la prescription, où commence et finit la liberté pédagogique, à quoi peut-on s'autoriser ? On sait que c'est une question qui suit les enseignants tout au long de leur carrière. Pour aborder ces points essentiels dans la formation des enseignants, l'analyse de pratiques est une modalité qui semble particulièrement adaptée.

2. L'écriture professionnelle

Obligatoire jusqu'à l'intégration des IUFM dans les universités en 2007 et 2008, le mémoire professionnel était un élément privilégié de la formation par alternance pour sa capacité à ressaisir l'expérience de travail, la mettre à distance de soi et la confronter à une communauté de praticiens. Il se maintiendra vraisemblablement tel quel dans certains centres ou évoluera vers de nouvelles formes ailleurs. Dans tous les cas, et dans un nombre croissant de pays, s'affirme la nécessité d'une écriture professionnelle qui procure aux « professions de l'humain » la possibilité d'un retour réflexif sur les situations qu'on a vécues[1].

1. Jacques Crinon et Michèle Guigue en font une synthèse très complète dans « Écriture et professionnalisation », *Revue Française de Pédagogie*, 156, 2006, p. 117-169.

2.1 Un paradoxe

L'obligation d'écrire un texte peut souvent sembler aux stagiaires une dépense d'énergie et de temps qu'ils préféreraient consacrer à la préparation des cours et à l'action dans la classe. De plus, la perspective d'une nouvelle évaluation à l'écrit ne les enchante guère. Dans l'esprit des formateurs en revanche, l'écriture professionnelle doit les aider à accéder à des **formes de réflexivité** qui permettent d'affronter la diversité de situations auxquelles une formation essentiellement transmissive ne peut plus préparer. Car apprendre son métier, c'est évidemment faire la classe, mais aussi prendre du recul vis-à-vis de ses difficultés professionnelles. Le travail d'écriture peut y aider en rattachant celles-ci à des problèmes plus généraux, en rendant capable de s'observer soi-même, en cherchant dans des lectures, dans les apports de ses collègues et de ses formateurs, des éléments pour éclairer son action. D'où vient alors que les stagiaires le perçoivent souvent comme un pensum, et peut-il en être autrement ?

2.2 De quelques malentendus

Une première raison qui empêche souvent les stagiaires de s'emparer de l'écriture professionnelle tient à une confusion sur la finalité de cet exercice. Dans le cas du mémoire, la demande d'exposer des points difficiles de sa pratique et de proposer une réflexion à leur sujet peut être mal reçue lorsque, dans la perspective d'une évaluation terminale, on n'a pas envie de montrer des faiblesses qui pourraient intervenir « à charge ». Comme le dit très franchement Sabrina, PLC2 d'arts plastiques :

> « Alors moi, ce qui m'énerve le plus, c'est que je sais que je fais des choses qui sont ratées et ça ne m'intéresse pas de les mettre. Moi ce qui m'intéresse c'est de mettre des choses positives ! »

Lorsque cette crainte s'installe, les stagiaires se protègent et se confortent entre eux pour considérer cet exercice plus comme une formalité à accomplir que comme un moyen privilégié de prendre du recul pour résoudre, à plus ou moins long terme, quelques-unes des difficultés que l'on rencontre inévitablement. Or, si l'évaluation du mémoire comporte bien une « soutenance », celle-ci ne vise pas à évaluer une pratique professionnelle (déjà évaluée par ailleurs), mais une aptitude à réfléchir sur elle. Elle apprend à se ménager des moments de réflexion collective dans un métier qui s'exerce le plus souvent dans la solitude et dans l'urgence.

Une autre raison tient au genre même du mémoire professionnel : d'introduction récente dans la formation, son modèle n'est pas encore stabilisé et on peut trouver, dans un même IUFM, des manières sensiblement différentes de le concevoir et de le mettre en œuvre. Pour qu'il ouvre des pistes d'analyse de sa pratique, il doit notamment échapper à plusieurs tentations. La première, notamment pour ceux qui ont déjà rédigé des mémoires universitaires, consiste à le calquer sur le modèle de la recherche. Ce n'est évidemment ni souhaitable, ni possible. On ne peut, par exemple, montrer en trente pages que telle ou telle pédagogie favorise les apprentissages des élèves les plus faibles. Cependant, la transformation en problèmes de questions particulières, la recherche d'explications, la communication à d'autres de ses analyses, sont bien le fait de quelqu'un qui s'est mis en recherche, même s'il n'est pas chercheur au sens fort du mot. La tentation inverse consiste à vouloir vérifier dans sa pratique le bien fondé de préconisations pédagogiques ou de convictions personnelles. Là, les réponses toutes faites risquent de précéder des questions non encore ou incorrectement posées. En revanche, la prise en compte des élèves réels et de la manière dont ils reçoivent les intentions pédagogiques peut constituer un levier pour des pratiques d'enseignement plus pertinentes.

À côté du mémoire, encore proche du modèle universitaire même s'il s'en démarque dans ses objectifs et dans sa forme, se développent et sont appelés à se développer des modes d'écriture plus en phase avec la situation souvent tendue que vivent les stagiaires et avec leurs demandes de formation. Au nombre de ceux-ci, le **portfolio** : originairement réalisé par des professionnels et des artistes désireux de montrer des traces de leur travail et de son évolution, il peut permettre à des stagiaires de s'approprier l'ensemble des éléments de la formation, que ceux-ci proviennent des séances organisées par l'institution ou des diverses situations traversées à l'IUFM ou sur les terrains d'exercice. La réalisation d'un portfolio conduit un jeune enseignant à se former lui-même à des pratiques d'écrit qu'il va de plus en plus demander à ses propres élèves, rédacteurs d'IDD*, de TPE*, auteurs d'écrits très personnels qui aident à mettre en place pour eux des parcours plus ajustés. Comme le mémoire, le portfolio peut, mais selon une figure moins imposée, mettre à distance de l'expérience ou de la compréhension immédiate d'événements survenus. Il permet la reformulation (« Au début, je pensais que, maintenant je réalise que... »), le classement et l'effacement (« Ça, maintenant, je sais »)[1]. Il autorise davantage les repentirs que le mémoire, il est une écriture de travail dont l'auteur peut décider au fur et à mesure ce qu'il garde pour lui et ce qu'il montre à d'autres, à l'exception d'un document de synthèse de trois ou quatre pages qui tente de tirer les leçons de la formation. Une variante électronique du portfolio, particulièrement favorable à la mise en commun, commence aussi à se diffuser.

À la dérive théoriciste qui guette un mémoire professionnel trop influencé par le modèle de la thèse, fait pendant, du côté du portfolio, le risque d'une centration sur soi qui peut empêcher les pas de côté exigés par la réflexion sur son action. Il n'est pas facile, par exemple, d'admettre que les difficultés éprouvées à faire cours peuvent elles-mêmes provenir des **difficultés rencontrées par certains élèves** et qu'on ne pourra résoudre les siennes que si l'on s'intéresse vraiment à celles des autres... Ainsi Florent, PLC2 de lettres, très préoccupé lors de ses premières entrées en classe par sa propre légitimité à enseigner, ne cesse de s'interroger sur la façon dont il suppose que ses élèves le déchiffrent : a-t-il raison ou tort de porter un sac à dos, une barbe laissée à l'abandon, de les tutoyer ? La reprise de ces interrogations récurrentes par l'écriture à laquelle il s'est astreint, articulée à une visite de ses tuteurs, l'a aidé à les déplacer vers des considérations moins narcissiques, plus professionnelles. Ce qui lui semblait de prime abord tourner autour de la mise en scène de soi a été progressivement pris pour des symptômes de difficultés à prendre en compte ce qui ne va pas de soi pour des élèves dans le passage du monde de l'entre-cours à la classe de français.

1. D. Bucheton (2003), *Du portfolio au dossier professionnel : éléments de réflexion.* http://probo.free.fr/textes_amis/portfolio_bucheton.pdf.

2.3 Vraies questions et vraies réponses

Si les stagiaires sont suffisamment en confiance avec les formateurs qui accompagnent leur travail d'écriture, ils peuvent dire par exemple à quel point ils sont troublés par des questions récurrentes de leurs élèves comme : « À quoi ça sert ? » ou « Est-ce que c'est noté ? ». C'est un moyen d'examiner le malentendu classique qui veut que les élèves critiquent les professeurs qui ne penseraient qu'à mettre des notes alors que ceux-ci déplorent que leurs élèves ne travaillent que pour elles... Il est possible aussi de ne pas réduire ces questions lancinantes à de l'impertinence, mais d'y voir au contraire une relation de confiance, voire l'expression d'un esprit critique que l'enseignant a su développer chez ses élèves. Les écrits dont les auteurs disent qu'ils leur ont ouvert de nouveaux horizons n'hésitent pas à entrer dans les résistances du réel de la classe. La prise en compte du point de vue des élèves fait partie de cette mise sur la piste. À une élève qui lui posait, en début d'année, la question radicale : « À quoi ça sert d'étudier la poésie ? », Julie, PLC2 de lettres, a fait une première réponse embarrassée qui essayait d'évoquer le plaisir des mots et des sonorités, puis, devant l'incrédulité de l'auditoire et avec un succès tout aussi relatif, une seconde sur la nécessité de connaître tous les genres littéraires qui feraient l'objet, pendant toute leur scolarité, d'examens indispensables à la réalisation de leur projet personnel :

> « Ils me regardaient comme une personne fraîchement débarquée qui leur parlait d'un monde parallèle et n'avait pas compris les limites de leur réalité. Tel était le cas. »

Valentin, PLC2 de mathématiques, a bien compris qu'il ne pouvait convaincre ses collégiens qui lui demandaient : « À quoi ça sert de passer le brevet ? » à l'aide de réponses peu crédibles sur l'intérêt d'un diplôme dévalorisé sur le marché du travail et qui ne constitue pas un sésame pour l'entrée en seconde. Sa consultation de *chats* sur Internet lui a montré sur ce thème des échanges comme : « Le brevet ne sert à rien, n'est pas dur et il a pour seule utilité de te faire récrire sur un papier et dans une salle bizarre ce qu'on t'a raconté pendant un an. » Une enquête auprès de ses élèves lui a révélé des significations de l'examen auxquelles il ne songeait absolument pas, comme l'intérêt de l'obtenir lorsque toute sa fratrie l'a déjà passé ou de contredire ses parents qui vous croient incapable de l'avoir... Cette prise au sérieux des questions des élèves l'a introduit plus généralement à l'idée qu'on peut croire y répondre formellement sans toutefois les convaincre parce qu'on ne prend pas en compte la façon dont elles se posent à eux. Prenant le temps d'envisager avec eux les raisons plus ou moins fondées de s'impliquer dans la préparation de l'épreuve, il leur a notamment proposé la perspective, *a priori* plus crédible, d'une formation personnelle à des épreuves de même type qu'ils ne manqueront pas d'affronter dans la suite de leur formation.

Les IUFM se sont progressivement dotés de **dispositifs d'accompagnement** de l'écriture professionnelle qui facilitent la prise de distance : la direction de mémoire, évidemment, qui aide à faire passer des questions initiales soulevées par la pratique aux questions préalables que doit traiter l'analyse, qui soutient l'effort du stagiaire sur la durée, lui propose des pistes théoriques et pratiques ; mais aussi l'ensemble des formateurs qui peuvent intervenir comme déclencheurs ou régulateurs de l'activité d'écriture ainsi que les autres stagiaires, confrontés à des difficultés analogues et pour qui les croisements de regards que permettent les séminaires sont une aide pour résoudre les problèmes de chacun tout en jetant les bases d'une culture partagée. La mise en place de plateformes collaboratives sur Internet grâce auxquelles se poursuivent ou se préparent les séances de travail collectif, la mise à disposition, en bibliothèque ou en ligne, d'écrits des promotions précédentes, constituent une excellente introduction à des pratiques collégiales qui devront être de plus en plus celles d'enseignants professionnels.

3. Les voies de l'observation en classe

Si l'intervention en classe est une activité trop précoce pour des étudiants en début de cursus, l'observation de l'activité professorale peut constituer une offre de formation prudente et potentiellement formatrice. Pourtant, quels peuvent être les bénéfices réels de l'observation en classe ? Suffit-il d'être immergé dans le milieu professionnel pour en tirer profit ? L'observation peut être pourvoyeuse de connaissances seulement si une tension s'opère entre le monde observé et le monde de signification de l'observateur, seulement si l'observateur s'attache à comprendre l'activité d'autrui et à réinterroger ses propres conceptions du métier. L'enjeu pour la conception de dispositifs de formation par l'observation est alors d'identifier quels pourraient être les registres d'observation les plus pertinents compte tenu de l'évolution, de la première année d'université aux premières années de titularisation, des préoccupations et des attentes des stagiaires.

Où commence l'observation ? Pour les uns, un objet ou un stimulus environnemental s'impose à notre conscience. Pour les autres, la moindre perception est sous-tendue par une somme de savoirs préalables. La réalité observée ne s'appréhende pas de manière directe, elle est toujours liée à ce qui « fait signe » dans l'environnement. Dans cette perspective, chacun, par son activité, construit le monde dans lequel son activité se réalise, ce qui pose ici un problème essentiel pour l'observation en classe : comment faire en sorte que les stagiaires passent d'une **observation habituée** (sous-tendue par leurs connaissances d'anciens élèves, leurs croyances et habitudes liées à la forme scolaire) à une **observation nouvelle**, qui fasse rupture avec la première en ouvrant chez eux de nouveaux horizons ?

Deux types d'observation peuvent être distingués. Le premier type correspond à une extériorité radicale par rapport aux situations observées pour favoriser neutralité et objectivité. Cependant, un **homme sujet** peut-il observer un **homme objet** en toute neutralité ? L'observation participante, comme deuxième type d'observation, soutient au contraire que l'observation de l'humain ne peut se faire qu'au travers du filtre d'un autre humain « observateur sujet » par son système de perception et d'interprétation. Ce dernier, en fonction de ses connaissances, va être attentif à certaines personnes, certains indices de la situation. Son propre vécu, ses affects mobilisés pour l'interprétation des situations observées peuvent devenir les matériaux de formation qu'il s'agit alors de mettre à jour, d'expliciter pour en extraire les éléments de connaissances qui s'y développent. Un temps d'échange avec la personne observée peut favoriser la confrontation entre les phénomènes éprouvés en tant qu'observateur et ceux explicités *a posteriori* du point de vue de l'observé.

3.1 Expériences typiques en situation d'observation

L'étude de l'activité des stagiaires en situation d'observation en classe permet de repérer chez eux au moins trois expériences typiques. La première est relative à l'observation d'une situation apparemment familière. Elle concerne particulièrement les étudiants en début de cursus. Dans la même position assise que les élèves, ils reconnaissent un **monde allant de soi**, autrement dit, les indices typiques de ce qu'ils ont pu vivre eux-mêmes pendant des milliers d'heures. L'observation peut s'avérer relativement pauvre s'ils ne parviennent pas à s'extirper de ce monde familier pour en tirer quelques enseignements nouveaux. Sans prise de distance, sans effort pour rendre étranger le familier, aucune forme particulière et nouvelle n'émerge. Il peut être alors difficile, voire ennuyeux, de prolonger cette observation peu discriminative et donc peu instructive.

Une deuxième expérience typique concerne les stagiaires ayant eu quelques expériences d'intervention dans le domaine scolaire. Elle se traduit par de multiples rapprochements entre l'activité observée et celles vécues à titre personnel dans des conditions d'enseignement qui semblent avoir un lien de parenté. Les observateurs procèdent à un **jeu implicite de comparaison** des ressemblances et dissemblances entre des indices, des actions, des effets communs ou au contraire différents. Cette observation par comparaison leur permet de connaître une autre activité tout en reconnaissant la leur au moins ponctuellement et partiellement. Ces allers-retours entre eux-mêmes et autrui confèrent à leur propre activité un caractère d'étrangeté, d'extériorité favorisant la connaissance de soi et la remise en cause de ses propres repères pour enseigner.

Enfin, une troisième expérience typique se caractérise par une **observation vécue** : les événements observés en classe « transportent » l'observateur hors de lui-même par empathie, le « projettent » à la place de l'autre. Il peut se sentir affecté, touché par la situation vécue tout aussi pleinement que l'observé. L'imprégnation est telle qu'aucun processus interprétatif ne permet de prise de distance. Le temps de l'observation ne correspond plus à une échelle chronologique et objective mais à un « temps vécu » avec une forte adhérence aux événements. La dualité observateur-observé disparaît. Par contre, dès que l'événement s'achève, l'adhérence se rompt et l'observateur reprend une position plus distante et étrangère vis-à-vis de la personne observée.

Cette description souligne la nécessité, lors de la conception de dispositifs d'observation en classe, de proposer des **thèmes d'observation** dont la pertinence va dépendre étroitement du **niveau de professionnalisation des stagiaires** et de travailler en formation sur les vécus d'observation pour faire la part entre le personnel et l'impersonnel, l'émotionnel et le rationnel, le générique et l'anecdotique. En début de cursus universitaire, il semble judicieux de favoriser l'exploration des multiples facettes de l'activité professionnelle échappant généralement à un observateur naïf. Cet éclairage peut s'appuyer sur l'explicitation par l'enseignant observé de ses connaissances, stratégies, dilemmes. Une autre étape consiste à réinterroger les relations entre les activités des élèves et de l'enseignant, ou encore les relations entre les savoirs enseignés et les effets produits sur les élèves en termes d'engagement et d'apprentissage.

À partir de l'année de PLC2, les thèmes d'observation peuvent s'attacher plus directement à la conduite de classe. L'observation d'un enseignant expert s'avère à ce moment-là profitable pour comprendre la nature de ses actions et de ses décisions en classe. Il est possible aussi de solliciter les conseillers pédagogiques pour l'observation en classe d'un thème auquel les stagiaires sont particulièrement sensibles, et non de ce qu'ils auraient tendance à observer spontanément compte tenu de leur expérience. **L'alternance entre l'observation et l'intervention**, l'observation et des échanges post-observation, peut favoriser l'analyse en situation de la création d'un climat de classe propice au travail scolaire, des gestes d'enseignement efficaces dans la conduite d'une classe compte tenu des conditions d'enseignement, des systèmes de valeurs, des croyances qui sous-tendent ces gestes professionnels et enfin des procédures nécessaires pour adapter les contenus d'enseignement aux caractéristiques des élèves.

3.2 Les bénéfices de la co-observation

Les dispositifs de formation en PLC2 mettent régulièrement en présence un observé-expert et un observateur-novice ou un observé-novice et un observateur-expert. Force est de constater que ces couples asymétriques ne produisent pas toujours les effets escomptés. L'observation de l'activité experte, souvent estimée à « mille lieux » de celle du novice, ne favorise pas forcément sa mise en projet ; celle de l'activité novice par un plus chevronné conduit trop souvent à l'adoption d'attitudes prescriptives. Quels peuvent être alors les bénéfices tirés d'une observation entre pairs ? C'est ce que s'est proposé d'étudier une équipe de recherche au cours d'un dispositif d'accompagnement à l'entrée dans le métier au sein de l'Académie de Créteil. Elle s'appuyait sur l'hypothèse selon laquelle ce dispositif pouvait favoriser des relations horizontales d'observation, d'échange, de partage entre pairs plus collégiales et constructives que lors des relations de compagnonnage vécues jusque-là en formation.

Lors de ce dispositif de formation, les néotitulaires pouvaient observer différents niveaux de classe dans différentes disciplines d'enseignement. Les séquences d'observation en classe étaient suivies de séquences de débriefing sans la présence de formateur. Les résultats de la recherche montrent qu'au cours de ce dispositif, les stagiaires ont appris à se reconnaître dans l'activité de leurs pairs mais aussi à s'en distinguer. Ils ont appris à identifier les traits spécifiques et génériques de leur travail au quotidien. L'observation de l'activité des autres leur a permis de confirmer ou d'infirmer ce qu'ils avaient vécu en classe jusque-là sans recul. La présence d'une tierce personne en classe, la participation à des échanges sans se masquer la face ni préserver l'autre, ont favorisé l'émergence d'une activité réflexive se prolongeant au fil de leur activité quotidienne. Ces différents échanges plus ou moins formels ont permis d'opérer une conversion des regards professionnels, l'explicitation d'actions jusque-là non interrogées.

Trois modalités d'apprentissage entre néotitulaires ont été repérées. La première, nommée « Avec mes yeux », correspond à l'adoption d'un geste professionnel observé chez l'autre en fonction d'une préoccupation liée à sa propre activité. Par exemple, une enseignante d'anglais cherchait à donner à son cours une trame plus visible, un plus grand engagement en classe pour que ses élèves évitent de décrocher. Elle a vu lors d'une observation en classe comment une collègue en mathématiques parvenait à enrôler les élèves de manière durable en verbalisant aussi bien les consignes que ses propres actions. Elle a décidé d'adopter cette technique dès les cours suivants. La légitimité de cette première modalité d'apprentissage tient au fait que les gestes professionnels sont « pris sur le vif ». La proximité des expériences vécues (mêmes élèves, mêmes difficultés récurrentes...) confère à cette adoption une viabilité potentielle.

La deuxième modalité, nommée « Entre quatre yeux », correspond à une confrontation de points de vue sans complaisance mais sans affrontement non plus. Les néotitulaires ont exprimé lors des séquences de débriefing des controverses relatives aux différences dans leur façon de percevoir les ambiances de classe et d'interpréter les comportements des élèves. Mais au final, ces oppositions, ces remises en cause ont favorisé l'adoption en classe de conseils énoncés lors des débriefings et, plus largement, le développement de leur activité professionnelle. La légitimité de cette deuxième modalité réside très souvent dans la mobilisation lors de l'observation du point de vue des élèves pour « faire la preuve » qu'un geste professionnel ou une activité est adapté(e) ou non à la situation scolaire.

La troisième modalité, nommée « Avec quatre yeux », correspond à un processus de construction de nouvelles normes collectives à partir des mêmes préoccupations, de l'identification au fil de l'observation des mêmes « points noirs » de l'activité. Par exemple, deux néotitulaires d'anglais se sont aperçu qu'une des prescriptions relatives à la pratique sous une forme collective de l'oral en anglais perturbait l'ordre établi à grand-peine dans leurs classes. Cette norme intégrée depuis leur formation initiale a fait l'objet de discussions animées puis a été rejetée. La légitimité de cette troisième modalité d'apprentissage est liée au caractère générique et consensuel de gestes professionnels pragmatiques choisis en fonction de leurs conditions d'enseignement. Leur affranchissement à l'égard de leur formation initiale dépasse les contingences singulières et personnelles. Il établit un nouvel ordre, une nouvelle norme à la suite de négociations collectives compte tenu de leurs conditions difficiles d'enseignement. L'observation et la mise en mots de l'activité d'autrui ont ainsi un effet de réflexion sur soi et sur l'autre et de mise à jour de ce qui était jusque-là resté implicite et fugace dans l'expérience professionnelle.

Conclusion

Les jeunes enseignants ont souvent des premiers pas difficiles. Ils arrivent, surtout en collège, dans une institution qui doute de ses capacités à intégrer et faire réussir tous les élèves au moment même où les attentes vis-à-vis de la scolarisation sont plus fortes qu'elles n'ont jamais été. Il n'est pas très aisé de troquer sa tenue d'étudiant amoureux d'une discipline pour le manteau d'arlequin d'un métier qui demande aujourd'hui plus que l'excellence universitaire. C'est pourquoi il faut les accompagner en leur donnant une formation académique de qualité indispensable pour qu'ils puissent transmettre à leur tour à leurs élèves les savoirs et les compétences qu'ils doivent maîtriser pour mener à bien leur projet, mais aussi la formation nécessaire à l'expertise que requiert l'accueil d'élèves *a priori* peu acquis aux codes plus ou moins visibles de l'école et souvent peu confiants dans les capacités du système éducatif à trouver ce qu'ils sont venus y chercher.

Sans perdre de vue les cadres d'une Éducation nationale qui demeure garante d'un accès de tous aux savoirs et aux qualifications, il faut en effet donner aux jeunes professionnels les moyens d'analyser les situations auxquelles ils sont confrontés, qui peuvent varier d'un établissement à l'autre, voire d'une classe à l'autre. L'égalité ne passe pas toujours par l'uniformité, et l'équitable contribue lui aussi à la justice. Mais ces positions éthiques, volontiers assumées par ces jeunes collègues, doivent être soutenues par des savoirs mobilisables dans l'action. Nous avons tenté dans cet ouvrage de proposer des démarches, voire des résultats de recherche en éducation qui, s'ils ne répondent à aucune des questions affrontées dans l'urgence, peuvent aider, sans rendre pour autant chercheur, à redéfinir progressivement les situations, à construire, dans le temps et avec d'autres, sa trajectoire professionnelle.

Héritiers d'une œuvre éducative considérable, les jeunes enseignants ont aussi la tâche de l'adapter aux conditions de la modernité. En ce sens, leurs premiers pas sont véritablement des pas de découvreurs, et, s'ils sont en partie semblables à leurs prédécesseurs, ils s'en distinguent aussi par de nombreux traits. La formation qu'on leur donne a alors à apprendre d'eux, de leur implication plus pragmatique, mais non moins sincère et efficace dans le travail éducatif, de leur désir de travailler à la fois plus collectivement et de manière plus ajustée aux caractéristiques de leurs élèves. Les difficultés persistantes à démocratiser le second degré peuvent rendre sceptique sur le succès de cette entreprise, voire sur son utilité. Elles peuvent aussi constituer une chance pour que ce métier, traditionnellement très encadré, devienne davantage un métier d'intellectuels, non seulement par la maîtrise des disciplines qu'il exige, mais aussi par ce qu'il requiert d'inventivité pour viser l'excellence pour tous sans perdre de vue les contours du réel.

Glossaire

Académie : la France est composée de 30 académies. Le ministre y est représenté par un recteur, chancelier des universités.

Ambition-réussite : collèges REP-ZEP bénéficiant d'enseignants supplémentaires et ayant signé un contrat réussite.

ATER : attaché temporaire d'enseignement et de recherche.

CAPES : certificat d'aptitude au professorat de l'enseignement du second degré.

Conseiller pédagogique (tuteur) : enseignant expert, désigné par l'inspection pédagogique, pour accompagner ou recevoir dans ses classes un professeur stagiaire.

CPE : conseiller principal d'éducation.

Curriculum : ensemble de ce qui est censé être enseigné et appris au cours d'un cycle d'études.

DEA : diplôme d'études approfondies.

Décentralisation : transfert des compétences de l'État à une collectivité locale.

Déconcentration : transfert de compétences du niveau ministériel à un autre niveau des services de l'État.

IDD : itinéraires de découvertes, dispositifs pédagogiques impliquant plusieurs disciplines au collège.

Master : grade intermédiaire entre la licence et le doctorat (réforme « LMD » appliquée depuis la rentrée 2006).

Néotitulaire : titulaire débutant.

PLC2-PCL2 : professeur (stagiaire) de lycée et collège ou de collège et lycée.

Pratique accompagnée : stage effectué dans les classes d'un enseignant expérimenté.

Préprofessionnalisation : modules de formation et de sensibilisation au métier avant les concours.

Rectorat : voir **Académie**.

REP-ZEP : réseaux et zones d'éducation prioritaire.

SEGPA : sections d'enseignement général et professionnel adapté.

Stage en responsabilité : stage pendant lequel le professeur stagiaire a une ou des classes en responsabilité (8 heures par semaine).

STAPS : cursus universitaire en sciences et techniques des activités physiques et sportives.

T1-T2 : titulaire première année, titulaire deuxième année.

TPE : travaux personnels encadrés au niveau de la classe de première.

Bibliographie

ALCORTA M. (1998), « Une approche vygotskienne du développement des capacités d'écrit : le brouillon », in M. Brossard et J. Fijalkow (éd.), *Apprendre à l'école : perspectives vygotskiennes et piagétiennes*, Bordeaux, Presses Universitaires de Bordeaux, p. 123-151.

ALTET M. (1994), *La Formation professionnelle des enseignants. Analyse de pratiques et situations pédagogiques*, Paris, PUF.

AMIGUES R. (2003), « Pour une approche ergonomique de l'activité enseignante », *Cahiers de la recherche et du développement*, hors-série 1, IUFM de l'académie d'Aix-Marseille.

BALLEUX A. (2000), « Évolution de la notion d'apprentissage expérientiel en éducation des adultes : vingt-cinq ans de recherche », *Revue des Sciences de l'Éducation*, vol. XXVI, 2, p. 263-285.

BARRÈRE A. (2002), *Les Enseignants au travail, routines incertaines*, Paris, L'Harmattan.

BARRÈRE A. (2003), *Travailler à l'école. Que font les élèves et les enseignants du secondaire ?* Rennes, PUR.

BAUTIER E. (2003), « Décrochage scolaire. Genèse et logique des parcours », *Ville-École-Intégration*, 132.

BAUTIER E. (2006), « Le rôle des pratiques des maîtres dans les difficultés scolaires des élèves : une analyse de pratiques intégrant la dimension des difficultés socialement différenciées », *Recherche et Formation*, 51, p. 105-118.

BAUTIER E., GOIGOUX R. (2004), « Difficultés d'apprentissage, processus de secondarisation et pratiques enseignantes : une hypothèse relationnelle », *Revue française de pédagogie*, 148, p. 89-99.

BAUTIER E., ROCHEX J.-Y. (1997), « Apprendre, des malentendus qui font la différence », in J.-P. Terrail (éd.), *La Scolarisation de la France. Critique de l'état des lieux*, Paris, La Dispute, p. 105-122.

BAUTIER E., ROCHEX J.-Y. (1998), *L'Expérience scolaire des nouveaux lycéens*, Paris, Armand Colin.

BLANCHARD-LAVILLE C. (2001), *Les Enseignants, entre plaisir et souffrance*, Paris, PUF.

BOURDONCLE R. (1990), « De l'instituteur à l'expert. Les IUFM et l'évolution des instituts de formation », *Recherche et Formation*, 8, p. 57-72.

BUCHETON D. (2003), *Du portfolio au dossier professionnel, éléments de réflexion.* http://probo.free.fr/textes_amis/portfolio_bucheton.pdf.

BUCHETON D., CHABANNE J.-C. (2001), *Écrire en ZEP*, CRDP Versailles, Delagrave.

BUTLEN D., MASSELOT P., PÉZARD M. (2003), « De l'analyse de pratiques effectives des professeurs d'école débutants nommés en ZEP/REP à des stratégies de formation », *Recherche et Formation*, 44, p. 45-61.

CAILLET V. (2006), « Sentiment d'injustice et expérience scolaire », in M.D. Vasconcellos (éd.), *Obstacles et succès scolaires*, Lille, université Charles-de-Gaulle-Lille 3.

CHALIÈS S., DURAND M. (2000), « Note de synthèse : L'utilité discutée du tutorat en formation initiale des enseignants », *Recherche et Formation*, 35, p. 145-180.

CHARLOT B. (1999), *Le Rapport au savoir en milieu populaire. Une recherche dans les lycées professionnels de banlieue*, Paris, Anthropos.

CHARLOT B., BAUTIER E., ROCHEX J.-Y. (1992), *École et savoir dans les banlieues… et ailleurs*, Paris, Armand Colin.

COUSIN O., FELOUZIS G. (2002), *Devenir collégien*, Paris, ESF.

CRINON J., GUIGUE M. (2006), « Écriture et professionnalisation », *Revue française de pédagogie*, 156, p. 117-169.

DAVIN-CHNANE F., FAÏTA D. (2003), « Enseigner en français et enseigner le français en ZEP ». *Recherche et Formation*, 44, p. 93-110.

DAVISSE A. (1995), « Je croyais que… », in A. Davisse et J.-Y. Rochex (éd.), *Pourvu qu'ils m'écoutent. Discipline et autorité dans la classe*, Paris, CRDP de l'académie de Créteil, p. 11-32.

DEBARBIEUX E. (2006), *Violence à l'école : un défi mondial ?* Paris, Armand Colin.

DEBARBIEUX E., DUPUCH A., MONTOYA Y. (1997), « Pour en finir avec le "handicap socio-violent" : une approche comparative de la violence en milieu scolaire », in B. Charlot et J.-Cl. Émin (éd.), *Violences à l'école. État des savoirs*, Paris, Armand Colin, p. 17-40.

DEROUET J-L. (2002), « Du transfert à la circulation des savoirs et à la reproblématisation. De la circulation des savoirs à la constitution d'un forum hybride et de pôles de compétences : un itinéraire de recherche », *Recherche et Formation*, 40, p. 13-25.

DEROUET J-L. (1992), *École et Justice*, Paris, Métailié.

DOYLE W. (1986), "Classroom organization and management", in M.C. Wittrock (ed.), *Handbook of Research on Teaching*, New York, Macmillan, p. 392-431.

DUBET F. (1997), *École, famille. Le malentendu*, Paris, Textuel.

DUBET F. (2002), *Le Déclin de l'institution*, Paris, Seuil.

DUBET F., DURU-BELLAT M. (2000), *L'Hypocrisie scolaire. Pour un collège enfin démocratique*, Paris, Seuil.

DUBET F., MARTUCELLI D. (1994), *À l'école. Sociologie de l'expérience scolaire*, Paris, Seuil.

DURAND M. (1996), *L'Enseignement en milieu scolaire*, Paris, PUF.

DURU-BELLAT M., MINGAT A. (1997), « La gestion de l'hétérogénéité des publics d'élèves au collège », *Les Cahiers de l'IREDU*, 59, CNRS-université de Bourgogne.

DUTERCQ Y. (2004), « Splendeur et misère d'un collège de banlieue », in Y. Dutercq et J.-L. Derouet (éd.), *Le Collège en chantier*, Paris, INRP, p. 33-73.

ESTABLET R. (2005), *Radiographie du peuple lycéen. Pour changer le lycée*, Paris, ESF.

ETZIONI A. (1969), *The Semi-Professions and their Organizations: Teachers, Nurses, Social Workers*, New York, The Free Press.

EURYDICE (2002), *Questions clefs de l'éducation en Europe. La profession enseignante en Europe : profil, métier et enjeux.*

FULLER F. (1969), "Concerns of Teachers: A Developmental Perspective", *American Educational Research Journal*, 6, p. 207-226.

GEER B. (1968), "Teaching", *International Encyclopedia of the Social Sciences*, Londres, Collier-Macmillan, vol. 15, p. 560-565.

GIUST-DESPRAIRIES F. (2003), *La Figure de l'autre dans l'école républicaine*, Paris, PUF.

GIUST-DESPRAIRIES F. (2005), *Analyser ses pratiques professionnelles en formation*, CRDP académie de Créteil.

GLASMAN D. (2001), *L'Accompagnement scolaire : sociologie d'une marge de l'école*, Paris, PUF.

GLASMAN D., BESSON L. (2004), *Le Travail des élèves pour l'école, en dehors de l'école*, Rapport pour le haut conseil de l'évaluation.

HADJI C. (1997), *L'Évaluation démystifiée*, Paris, ESF éditeurs.

HUBERMAN M. (1989), *La Vie des enseignants : évolution et bilan d'une profession*, Neuchâtel, Delachaux et Niestlé.

KHERROUBI M. (2003), « L'autorité pédagogique vue de la salles des professeurs », *Le Télémaque. Descriptions de l'ordinaire des classes*, n° 24, p. 51-64.

KHERROUBI M. (2003), « Les débuts dans le métier des enseignants du secondaire », *Cahiers de la Recherche et du Développement*, Hors-Série 1, p. 25-34, IUFM de l'académie d'Aix-Marseille.

KHERROUBI M. (2006), « L'urgence de la transmission », in *La transmission en question*, Nancy, Presses Universitaires de Nancy, p. 113-123.

KHERROUBI M., ROCHEX J.-Y. (2002), « La recherche en éducation et les ZEP en France », *Revue française de pédagogie*, 140, p. 103-131.

KHERROUBI M., ROCHEX J.-Y. (2004), « La recherche en éducation et les ZEP en France », *Revue française de pédagogie*, 146, p. 115-190.

LA BORDERIE R. (1991), *Le Métier d'élève*, Paris, Hachette.

LANG V. (2004), « La profession enseignante en France : permanence et éclatement », in M. Tardif et C. Lessard (éd.), *La Profession d'enseignant aujourd'hui : évolutions, perspectives et enjeux internationaux*, Paris, De Boeck, p. 157-171.

LAOT F.F., OLRY P. (2004), *Éducation et formation des adultes. Histoire et recherches*, Paris, Collection Enseignants et chercheurs, INRP.

LATOUR B. (1996), « Sur la pratique des théoriciens », in J.M. Barbier (éd.), *Savoirs théoriques et savoirs d'action*, Paris, PUF.

LAVE J., WENGER E. (1991), *Situated Learning: Legitimate Peripheral Perspective*, Cambridge et New York, Cambridge University Press.

LESNE M. (1992), *Les Formations en alternance*, Paris, La Documentation française.

MAROY C. (2006), « Les évolutions du travail enseignant en France et en Europe : facteurs de changement, incidences et résistances dans l'enseignement secondaire », *Revue française de pédagogie*, 155, p. 112-142.

MERLE P. (2005), *L'Élève humilié. L'école, un espace de non droit ?* Paris, PUF.

MERLE P. (1999), « Équité et notation : l'expérience subjective des lycéens », in D. Meuret (éd.), *La Justice du système éducatif*, Bruxelles, De Boeck, p. 213-224.

OBIN J.-P. (2002), *Enseigner, un métier pour demain*, Rapport au ministre de l'Éducation nationale.

OBIN J.-P. (2004), « Le renouvellement des professeurs du second degré », *Recherche et Formation*, 45, p. 11-22.

PASQUIER D. (2005), *Cultures lycéennes. La tyrannie de la majorité*, Paris, Autrement.

PASTRÉ P. (2005), *Apprendre par la simulation : de l'analyse du travail aux apprentissages professionnels*, Toulouse, Octarès.

PAYET J-P. (1997), *Collèges de banlieue*, Paris, Armand Colin.

PÉRIER P. (2003), *Le Métier d'enseignant dans les lycées et collèges au début des années 2000*, Dossier n° 145, DEP-MEN.

PÉRIER P. (2005), *École et familles populaires. Sociologie d'un différend*, Rennes, PUR.

PERRENOUD P. (1988), *La Fabrication de l'excellence scolaire*, Genève, Droz.

PERRENOUD P. (1991), « Ambiguïtés et paradoxes de la communication en classe », in J. Weiss (éd.), *L'Évaluation : problème de communication*, DelVal-IRDP, p. 9-33.

PERRENOUD P. (1994), *La Formation des enseignants entre théorie et pratique*, Paris, L'Harmattan.

PERRENOUD P. (1996), *Enseigner : agir dans l'urgence, décider dans l'incertitude. Savoirs et compétences dans un métier complexe*, Paris, ESF.

PERRENOUD P. (2001), « Former à des savoirs d'action, est-ce possible ? Comment faire ? », http://unige.ch/fapse/SSE/teachers/perrenoud:php _main/php_2001/2001_19.htmll

PROT B., ROGER J.-L. (2005), « Enjeux du travail et genres professionnels dans la recomposition en cours des métiers de la fonction publique », *Rapport final présenté au Ministère de la Recherche*, Laboratoire de psychologie du travail et de l'action-CNAM, Paris.

RAYOU P. (1998), *La Cité des lycéens*, Paris, L'Harmattan.

RAYOU P. (2002), *La « dissert de philo ». Sociologie d'une épreuve scolaire*, Rennes, PUR.

RAYOU P., VAN ZANTEN A. (2004), *Enquête sur les nouveaux enseignants. Changeront-ils l'école ?* Paris, Bayard.

RIA L. (2005), *Les Émotions*, coll. « Pour l'action », Paris, Revue E.P.S.

RIA L., CHALIÈS S. (2003), « Dynamique émotionnelle et activité : le cas des enseignants débutants », *Recherche et Formation*, 42, p. 7-19.

RIA L., LEBLANC S., SERRES G., DURAND M. (2006), « Recherche et Formation en "analyse des pratiques" : un exemple d'articulation ». *Recherche et Formation*, 51, p. 43-56.

RIA L., SAURY J., SÈVE C., DURAND M. (2001), « Les dilemmes des enseignants débutants : études lors des premières expériences de classe en Éducation Physique », *Science et Motricité*, 42, p. 47-58.

ROCHEX J.-Y. (1995a), « Éloge des commencements », in A. Davisse et J.-Y. Rochex (éd.), *Pourvu qu'ils m'écoutent. Discipline et autorité dans la classe*, CRDP de l'académie de Créteil, p. 175-202.

ROCHEX J.-Y. (1995b), *Le Sens de l'expérience scolaire. Entre activité et subjectivité*, Paris, PUF.

RUBI S. (2005), *Les « crapuleuses », ces adolescentes déviantes*, Paris, Le Monde-PUF.

SERRES G., RIA L., ADÉ D. (2004), « Modalités de développement de l'activité professionnelle au gré des contextes de classe et de formation : le cas des professeurs stagiaires en Éducation Physique et Sportive », *Revue française de pédagogie*, 149, p. 49-64.

SIROTA R. (1993), « Le métier d'élève », *Revue française de pédagogie*, 104, p. 85-108.

TARDIF M., LESSARD C. (1999), *Le Travail enseignant au quotidien. Expérience, interactions humaines et dilemmes professionnels*, Laval, Les Presses de l'Université Laval.

THIN D. (1998), *Quartiers populaires, l'école et les famille*, Lyon, PUL.

TOCHON F.V. (1993), *L'Enseignant expert*, Paris, Nathan.

TUPIN F. (2004), *Démocratiser l'école au quotidien*, Paris, PUF.

VAN ZANTEN A. (2001), *L'École de la périphérie*, Paris, PUF.

VAN ZANTEN A. (2004), *Les Politiques d'éducation*, Paris, PUF, coll. Que sais-je ?

VAN ZANTEN A., GROSPIRON M.-F., KHERROUBI M., ROBERT A. (2002), *Quand l'école se mobilise*, Paris, La Dispute.

VEENMAN S. (1984), "Perceived Problems of Beginning Teachers", *Review of Educational Research*, 54 (2), p. 143-178.

VINCENT G. (1980), *L'École primaire française. Étude sociologique*, Lyon, PUL.

VINCENT G. (1994), *L'Éducation prisonnière de la forme scolaire ?* Lyon, PUL.

Index

Imprimé en France
FRHW010938200721
27716FR00013B/85

9 782200 347192